컬러 인문학

THE STORY OF COLOUR: An Exploration of the Hidden Messages of the Spectrum
by Gavin Evans
Copyright ⓒ Gavin Evans 2017
All rights reserved.

Korean translation copyright ⓒ Gimm-Young Publishers, Inc. 2018
This translation is published by arrangement with Michael O'Mara Books Ltd. through Eric Yang Agency.

컬러 인문학

1판 1쇄 발행 2018. 3. 12.
1판 3쇄 발행 2021. 2. 26.

지은이 개빈 에번스
옮긴이 강미경

발행인 고세규
편집 이혜민 | 디자인 이경희
발행처 김영사
등록 1979년 5월 17일(제406-2003-036호)
주소 경기도 파주시 문발로 197(문발동) 우편번호 10881
전화 마케팅부 031)955-3100, 편집부 031)955-3200 | 팩스 031)955-3111

값은 뒤표지에 있습니다. ISBN 978-89-349-8085-8 03900

홈페이지 www.gimmyoung.com   블로그 blog.naver.com/gybook
인스타그램 instagram.com/gimmyoung 이메일 bestbook@gimmyoung.com

좋은 독자가 좋은 책을 만듭니다.
김영사는 독자 여러분의 의견에 항상 귀 기울이고 있습니다.

이 도서의 국립중앙도서관 출판예정도서목록(CIP)은 서지정보유통지원시스템 홈페이지
(http://seoji.nl.go.kr)와 국가자료공동목록시스템(http://www.nl.go.kr/kolisnet)에서
이용하실 수 있습니다.(CIP제어번호 : CIP2018005658)

색깔에 숨겨진 인류 문화의 수수께끼

컬러 인문학

개빈 에번스 | 강미경 옮김

THE
STORY
of
COLOUR

———

나의 두 딸 테사와 케이틀린에게

너희가 있어 내 삶이 다채로워졌다는 말만큼
진부한 표현도 없을 듯하지만 그렇게 말할 수밖에 없구나.

———

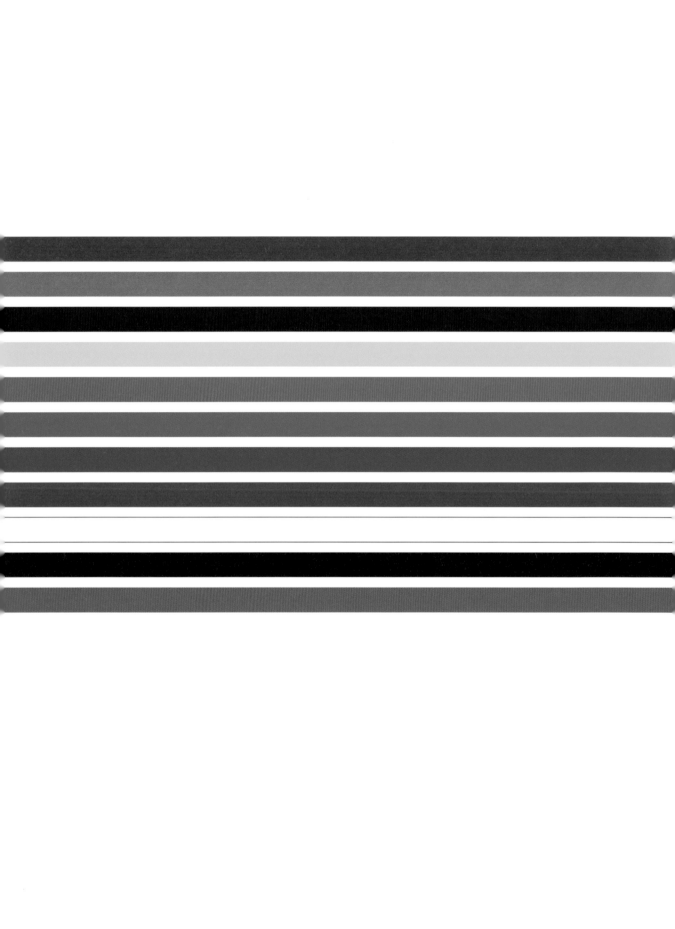

차례

서문

학교에서 'Roy G Biv'라는 연상법, 그러니까 아이들에게 무지개 색깔의 순서, 즉 빨강red, 주황orange, 노랑yellow, 초록green, 파랑blue, 남색indigo, 보라violet를 가르치는 흔한 방법 중 하나를 배운 적이 있을 것이다. 영국 아이들은 'Richard of York gave battle in vain'으로, 인도 아이들은 'Roy G Biv'를 거꾸로 뒤집은 'VIBGYOR'로 배운다. 어느 쪽이 됐든 자주purple도 없고 분홍pink도 없다(색 이름은 'White'를 '하양' 대신 '흰색'으로 표기한 것을 제외하고는 국가기술표준원의 KS계통색명을 따랐다. 이에 따르면 'purple'과 'violet'은 모두 '보라'이지만 관용적으로 여기서는 둘을 구분했고, 일곱 번째 장 'purple'은 내용상 '보라'로 표기했다—옮긴이).

하지만 빨강, 주황, 노랑, 초록, 파랑, 남색, 보라가 정말 무지개의 '정확한' 색깔일까? 일단은 그렇다고 할 수 있다. 그리고 회색이나 금색, 갈색, 분홍을 끼워넣지만 않는다면 무지개색에 색깔을 더 보탤 수도, 아니면 뺄 수도 있다. 이 모든 건 우리가 살고 있는 곳과 시대에 따라 다르다. 일반적으로 인정되는 무지개색은 시대와 문화에 따라 변화를 겪어왔기 때문이다.

빨주노초파남보Roy G Biv라는 것을 발명한 인물들의 시대로 거슬러 올라가보자. 그중 가장 눈에 띄는 과학자는 아이작 뉴턴일 것이다. 행성의 운동과 중력의 법칙을 둘러싼 여러 가지 발견과 미적분 계산법 발견, 과학적 방법론의 발전에 크게 기여한 공로 말고도 뉴턴은 빛과 색채에 사로잡혀 있었다. 이러한 호기심은 그의 가장 유명한 실험(영국 전역에 흑사병이 돌아 대학이 문을 닫은 사이 그의 방에서 이루어졌다)으로 이어졌다. 미세하게 구멍을 뚫은 칸막이용 판자와 유리 프리즘을 사용해 그는 백색광이 어떻게 무지개 색깔로 쪼개질 수 있는지 관찰했다.

뉴턴은 다음과 같이 설명했다. "아주 어두운 방에서 덧창에 폭이 약 3분의 1인치쯤 되게 구멍을 뚫고 유리 프리즘을 갖다 댔더니, 그 구멍을 통해 들어온 태양광선이 방 반대편 벽 위쪽으로 굴절되면서 색색의 태양 모양을 형성했다."

이 실험은 백색광에는 모든 색깔의 빛이 다 포함되어 있다는 사실을 보여준다. 자신의 저서 《광학Optics》(1704)에서 뉴턴은 이 색들이 프리즘을 통과할 때 각기 다른 각도로 굴절되어 서로 분리되는 원리를 설명했다. 굴절이 가장 크고 파장이 가장 짧은 광선이 보라라면 굴절이 가장 작고 파장이 가장 긴 광선은 빨강이다. 그 중간에 초록이 있다. 더욱이 그는 실험 과정을 뒤바꿔 색채 스펙트럼을 다시 백색광으로 되돌릴 수 있다는 것도 입증해보였다.

그로부터 1세기 후 독일의 위대한 사상가 괴테는 《색채 이론Theory of Colour》이라는 책에서 백색광이 모든 색깔을 다 포함하고 있다는 뉴턴의 주장은 '어불성설'이라고 비난하며 사람들이 뉴턴의 주장을 앵무새처럼 흉내내는 것은 '무지의 소치'라고 한탄했다. 뉴턴은 이해했지만 괴테가 미처 알지 못한 것은 그림물감의 색과 빛의 색은 서로 다르다는 사실이다. 화가의 팔레트를 채우는 색을 모두 섞으면 매우 탁한 회갈색이 나온다. 하지만 빛이라면 이야기는 완전히 달라진다. 색상환colour wheel을 충분히 빨리 돌리면 흰색으로 보일 것이다.

이것 말고 다른 차이들도 있다. 그림물감에서 일차색은 빨강, 파랑, 노랑이며 나머지 색들은 이 세 가지 색을 적절히 조합하면 나온다. 빛의 일차색은 초록, 파랑, 빨강이다. 이 삼원색을 똑같은 비율로 섞으면 흰색이 나온다. 비율을 달리해 섞으면 무지개색의 어떤 색깔도 얻을 수 있다. 우리가 텔레비전, 노트북, 스마트폰으로 보는 사진이나 그림은 자잘한 초록, 파랑, 빨강 화소의 산물이다.

프리즘을 써서 빛의 성질을 조사하고 있는 아이작 뉴턴. 이 실험으로 그는 백색광이 지금 우리가 색 스펙트럼이라고 부르는 여러 가지 색으로 이루어져 있다는 사실을 알게 되었다.

과학과 수학 분야에서 보여준 천재성에도 불구하고 뉴턴은 훗날 존 메이너드 케인스가 그를 가리켜 '최후의 연금술사'라고 일컬었을 만큼 당대의 소문난 괴짜였다. 과학과 수학에 정진하다 잠시 한숨 돌릴 때면, 또는 위조범들을 잡아 교수형에 처하거나 과학계의 경쟁자들을 맹비난하는 일에서 벗어나 잠시 휴식을 취할 때면 뉴턴은 성 삼위일체나 오컬트를 연구하거나 현자의 돌을 찾는 데 시간을 보냈다. 그는 숫자 7의 주술적 특징에도 관심을 보이며 7을 자연의 가장 중요한 숫자로 여겼다(서양음악의 칠음계, 태양계의 일곱 행성 등등).

약간 망설이다 뉴턴은 무지개 색깔을 예전처럼 다섯 가지나 여섯 가지가 아니라 일곱 가지로 정했다(그는 기존 색에 주황과 남색을 추가했다). 사실 무지개에 순색은 없다. 색들이 연속되는 하나의 스펙트럼에 섞여 있기 때문이다. 우리 눈에는 일곱 가지 색으로 보이지만 그 차이를 선으로 나눌 수는 없다. 다시 말해 색깔들 사이의 경계는 불분명하며 임의로 그렇게 나눠놓았을 뿐이다. 홍미롭게도 주황orange은 유럽에 오렌지가 전해지기 전에는 아예 존재하지도 않았다. 그전에는 '주황색' 물체를 황금색 또는 금색으로 묘사했기 때문에 주황붕어orangefish가 아니라 금붕어goldfish가 된 것이다. 토마토의 경우에도 처음에는 황금사과golden apple로 불렸다.

가시광선 전 영역을 동시에 보면 우리 눈과 두뇌는 '흰색'이라고 말하지만 그런 파장 중 일부를 놓칠 경우 우리는 이를 색깔로 간주한다. 좀 더 정확하게 말하면 물체마다 백색광 스펙트럼의 각기 다른 부분을 흡수하며, 따라서 우리는 반사된 부분을 보게 되는 것이다. 하지만 우리 눈에 보이는 색깔이 우리 눈에 어떻게 보이는지는 문화마다 다르며 심지어는 개인에 따라 달라지기도 한다.

영어로 남색indigo은 진한 파랑을 가리키는 또 다른 표현이며, 보라색violet은 자주색purple을 뜻할 때가 많다. 또 뉴턴이 구분한 파랑은 연한 청록turquoise이라고 할 수도 있다. 무지개를 바라볼 때 우리 모두 동일한 범위의 색깔을 보고 있지만 그 색깔들을 정의하는 기준은 조금씩 다르다. 철학자 크세노폰Xenophon에 따르면 고대 그리스인들은 무지개에 빨강, 노랑, 자주의 세 가지 색깔만 있다고 생각했다. 고대 아랍인들도 빨강, 노랑, 초록의 세 가지 색만 떠올렸다.

우리의 색채 인식 능력은 각자가 물려받는 유전자와 어느 정도는 관련되어 있다. 하지만 그보다 문화적 차이가 더 중요한데, 이는 지금까지 우리 사회가 색깔을 사용해온 방식에 영향을 받는다. 우리의 문화적 팔레트에 있는 색깔 수는 도료와 염료, 안료, 색소들로 칠해진 자연의 색상들을 새롭게 포착해 색깔과 패턴으로 우리 자신을, 우리의 집을, 우리의 일터와 소유물들을 꾸미는 과정에서 계속 증가해왔다.

여기서 언어는 중요한 역할을 한다. 우리가 보고 사용하는 색깔은 우리의 언어 속으로 파고들며, 우리가 사물을 보는 방식은 언어, 즉 우리가 사물을 묘사할 때 사용하는 단어에 영향을 받는다. 파랑과 초록을 예로 들어보자. 서구인들의 눈에 이 둘은 완전히 다른 색이다. 색상환에서는 서로 나란히 붙어 있지만 파랑은 순색 또는 일차색이고 초록은 혼합색 또는 이차색으로 분명히 다르다. 하지만 파랑을 다룬 장에서 살펴볼 테지만 몇몇 현대어와 고대어는 그 둘을 한 단어로 나타낸다. 이상하게 보일지도 모르겠지만 영어권에서는 파랑blue이라는 단어가 연한 파랑과 진한 파랑 둘 다를 나타내는 데 비해 러시아어로 이 두 색깔은 분홍과 빨강만큼이나 서로 뚜렷이 구분된다. 녹색 계열을 영어권에서는 '초록green'으로 통칭하지만 한국에서는 초록의 두 가지 색조, 그러니까 좀 더 노르스름한 쪽과 그렇지 않은 쪽을 각각 다른 말로 표현한다.

남자와 여자, 색맹

어떤 사람들은 다른 사람들보다 선천적으로 색을 더 잘 구분한다. 서구 인구의 약 4.5퍼센트가 '색맹'으로 분류된다. 그렇다고 이들이 흑백이나 단색으로만 사물을 본다는 뜻은 아니다. 그보다는 망막의 녹원추세포나 적원추세포가 없어서, 예를 들면 교통신호등의 빨강과 초록의 차이를 구분하지 못한다는 뜻이다. 파랑과 노랑을 구분하는 데 애를 먹는 경우도 있다. 인구 집단 사이에 정신적 능력과 밀접하게 관련있는 유전자 차이는 존재하지 않지만 신체적 특징을 결정하는 유전자는 약간씩 다를 수 있다. 그중에 하나가 색깔을 구분하는 능력과 밀접하게 연관되어 있다. 미크로네시아의 핀지랩Pingelap섬은 주민의 10퍼센트가 색맹인 것으로 추정되는데, 이는 세계 평균의 두 배가 넘는 비율이다.

적록색맹을 식별하는 2색 인식 검사법. 일명 '이시하라' 검사.

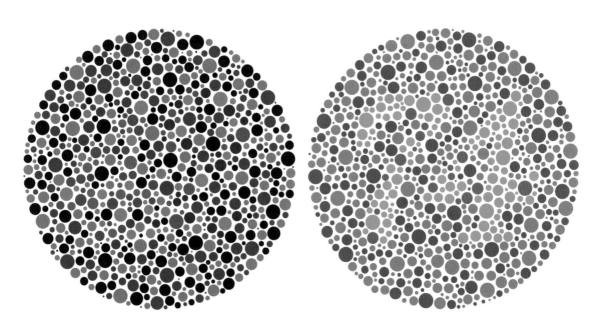

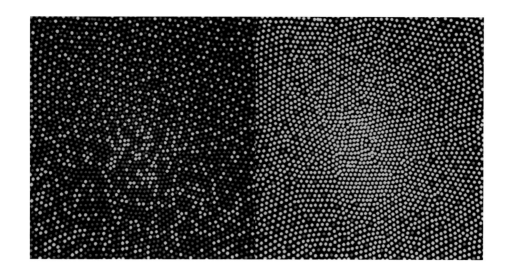

영국의 경우 남성의 8퍼센트가 색맹인 데 비해 여성은 0.5퍼센트만 색맹이다. 게다가 남성보다 여성이 '4색형 색각'인 경우가 많은데, 이는 망막 원추세포가 여분으로 하나 더 있어 색깔을 구별하는 능력이 아주 뛰어나다는 뜻이다.

인간의 눈에서 미세한 색채 인식을 관장하는 원추세포 분포도. 정상인의 망막(왼쪽)과 색맹인 사람의 망막(오른쪽).

보통 사람은 대개 3색형 색각이다. 다시 말해 색 스펙트럼의 세 부분을 통해 색을 감지하는 망막 원추세포가 세 가지 형태를 띤다. 한 연구에 따르면 여성의 2퍼센트에서 3퍼센트가 이러한 놀라운 색채 인식 능력을 유전받은 것으로 나타났다. 신기하게도 우성과 열성 유전자의 조합으로 인해 색맹인 남성의 어머니와 딸은 4색형 색각일 확률이 높다.

간상체와 원추체, 동물의 눈

모든 동물이 다 색맹인 것은 아니다. 사실 몇몇 동물은 거리와 색 범위의 측면에서 인간보다 더 잘 본다. 많은 곤충이 자외선 색깔을 볼 수 있다(덕분에 그들을 먹여살리는 꽃을 잘 찾을 수 있다). 그런가 하면 몇몇 뱀은 적외선을 감지할 수 있다(덕분에 포유류 먹잇감의 열을 감지할 수 있다). 유인원은 인간과 비슷한 색채 인식 능력을 가지고 있지만 대부분의 다른 포유류(예를 들어 개와 고양이)는 색맹인 사람과 같은 범주에 속하며, (박쥐와 초식동물 같은) 몇몇 동물은 회색 음영 말고는 색을 전혀 보지 못하는 전색맹이다.

　여기서 중요한 것은 간상체와 원추체로 이루어진 망막의 광수용체이다. 빛이 망막으로 들어오면 간상체와 원추체가 이를 해석해 뇌의 1차 시각피질에 메시지를 보내 색상과 색조를 인식하도록 유도한다. 원추체가 색상 인식을 관장한다면 간상체는 명암을 감지해 조도가 낮은 환경에서도 움직임을 인식할 수 있게 해준다. 동공은 조도에 따라 스스로 크기를 조절해가며 이러한 인식 능력을 최적화한다.

빛과 색

우리가 색을 보는 방식은 물체의 표면에서 빛이 반사되는 방식에 영향을 받는다. 따라서 이 과정은 매우 다양할 수 있다. 거실을 보면서 우리는 소파는 초록이고, 커튼은 빨강이며, 마룻바닥은 갈색이고, 안락의자는 파랗다고 말할 것이다. 원래 그런 색깔인 것처럼 보이지만 조명을 바꾸면 색깔도 바뀐다. 예를 들어 조명을 완전히 끄면 낮아진 조도 때문에 빨강, 갈색, 파랑은 사실상 회색 음영으로 바뀐다.

　눈부신 한낮의 햇빛 속으로 나가면 인간의 눈이 감지할 수 있는 색을 전부 보게 되겠지만 해가 지면서 조도가 떨어지고 대기가 색을 걸러내기 시작하면 색 범위가 감소한다. 1890년대에 프랑스의 인상파 화가 클로드 모네(1840~1926)는 시시각각, 매달 달라지는 루앙 대성당의 모습을 30여 점 그려서 이를 분명히 보여주었다.

　우리 눈이 조명에 사용된 전구의 종류에 따라 달라지는 인공광에 노출될 경우 밝은 햇빛에 노출되었을 때보다 인식하는 색의 범위가 좁아진다. 예를 들어 형광등이 파랑과 초록 같은 차가운 색을 더욱 도드라지게 한다면, 백열전구는 빨강, 주황, 노랑 같은 따뜻한 색을 더욱 강조한다. 무대 조명은 이런 효과를 가장 극명하게 보여준다. 예를 들어 블루필터는 파랑을 청록으로, 노랑을 검정으로 바꿔놓는다.

색의 특징

우리가 색을 판별하는 기준에는 여러 가지가 있을 수 있다.

명도luminosity 색의 밝고 어두운 정도를 나타내는 기준으로, 흑백사진을 통해 가장 잘 드러난다. 검정 부분은 명도가 없고 흰색 부분의 명도는 최고치이다. 검정이 섞인 암색조shade, 흰색이 섞인 명색조tint를 이야기하기도 한다.

색상hue 주로 그래픽 디자이너들이 사용하는 용어로, 색의 파장과 밀접한 관계를 맺는다. 파장의 변화에 따라 우리는 한 가지 색상에서 다른 색상으로 옮겨간다(스펙트럼의 한쪽 끝에 있는 보라는 390~431나노미터이며, 반대쪽 끝에 있는 빨강은 658~780나노미터이다). 우리가 일몰 때 보는 주황은 빛의 파동이 대기 중의 분자에 부딪혀 600~658나노미터의 폭으로 산란되기에 그렇게 보이는 것이다.

채도saturation 화가와 그래픽 디자이너들은 어떤 색이 그 속에 주변 색을 덜 포함하고 있을 경우 여타의 색에 비해 '더 순수해' 보인다는 점에 주목한다. 색의 '채도'라고도 불리는 이러한 특징은 보는 사람의 눈에 따라 달라질 수 있다. 예를 들어 어떤 문화권에서는 순수한 파랑이 다른 문화권에서는 연한 암색조의 초록으로 통하기도 한다.

색온도temperature 스펙트럼에 나와 있는 색의 절반은 '차가운' 색으로, 나머지 절반은 '따뜻한' 색으로 분류할 수 있다. 이는 색이 지니는 문화적 연상 작용과 관련이 있다. 태양과 불의 색깔인 빨강, 노랑, 주황은 따뜻하다고 인식되는 반면 하늘과 바다, 나뭇잎의 색깔인 파랑과 초록은 차갑다고 인식된다. 자주와 밤색maroon 같은 몇몇 색은 그 중간 어딘가에 속한다.

신비한 드레스,
파랑과 검정이냐 흰색과 금색이냐

2015년 한 사진이 소셜미디어 사용자들을 둘로 갈라놓았다. 문제의 사진 속 바디콘 드레스는 어떤 사람들에게는 검정 프린지를 넣은 파란 드레스로 보였지만 또 어떤 사람들에게는 금색 프린지를 넣은 하얀 드레스로 보였다. 대체 어떻게 된 일이었을까?

우리 뇌는 눈이라는 렌즈로 들어오는 빛을 해석하는데, 이것은 우리가 있는 공간의 빛, 채도, 주변 색과 이미지의 선명도에 영향을 받는다. 문제의 드레스 사진을 보면 이 점이 여실히 드러난다. 배경에 주변 색이 거의 없고 전체적으로 흐릿한 편이라 우리의 뇌는 추측을 해야 한다. 대다수의 뇌는 드레스가 빛에 휩싸여 있다고 판단했고, 그 결과 색을 어둡게 만들어 드레스 색깔을 파랑과 검정(나중에 알고 보니 이는 '정확한' 해석이었다)으로 인식했다. 그러나 몇몇 뇌는 드레스에 그늘이 드리웠다고 판단했고, 그리하여 드레스에 빛을 비추는 방법으로 그 간극을 해소했으며, 그 결과 흰색과 금색으로 인식했던 것이다. 이처럼 방 안의 빛에 따라 어떤 사람들의 인식은 한쪽에서 다른 쪽으로 변하기도 한다.

예술에서의 색 사용

런던을 중심으로 활동하는 화가이자 일러스트레이터 라라 하우드Lara Harwood는 선명한 색채를 주로 사용하는 추상화와 구상화로 유명한데, 그 작품들을 보면 색채의 문화적 함의에 그녀가 어떤 영향을 받았는지 알 수 있다. 그녀는 의식적으로 색채의 숨겨진 뜻을 받아들이고, 그것들을 결합하면 그 함의도 달라진다고 믿는다.

"작품에 사용하고자 하는 색에 대해 생각할 때마다 그 색들은 나에게 무엇을 의미하며, 또 다른 사람들에게는 무엇을 나타내는지 자문해보곤 한다. 빨강이 대담하고 행복하고 극적이면서 위험하다면, 파랑은 어쩔 수 없이 슬프면서도 풍부하고 그 자체로 빛을 발한다. 밝은 파랑은 어두운 파랑에 필요한 빛의 근원이 될 수 있고, 여러 가지 파랑이 함께 있으면 아주 멋질 수 있다. 노랑은 굉장히 밝고 행복하고 희망을 주는 색이지만 흰색 옆에 있으면 죽어버리기 때문에 신중해야 한다. 주황 또한 행복하고 희망적인 느낌을 줄 뿐만 아니라 기본색으로서도 입지가 강하다. 보라는 범위가 매우 넓다. 나는 그 고적한 느낌을 좋아하는데, 이 색은 다른 대부분의 색과도 잘 어울린다. 분홍은 내가 아주 많이 사용하는 색으로, 부드러우면서 다정하고 행복한 느낌을 준다. 초록은 누가 봐도 자연의 색이지만 '여기 초록색 나무가 있네' 하는 식으로 사용하고 싶진 않다. 갈색은 주변에 자기보다 좀 더 밝은 색을 필요로 한다. 검정은 어떤 색과도 잘 어울리지만 무겁고 단조로운 느낌을 줄 수 있다. 반면 회색은 다른 색들을 돋보이게 해주는 효과가 아주 뛰어나다. 그러나 예술에서 색의 의미는 무엇보다 색들의 결합과 그 색들이 서로에게 미치는 영향이라고 할 수 있다."

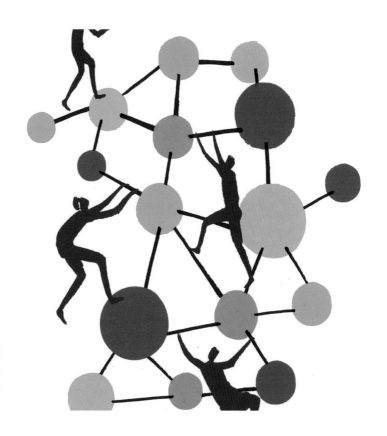

2008년 HHMI(하워드휴스의학연구소) 연례 보고서에 수록된 라라 하우드의 일러스트레이션. 그녀의 남다른 색채 사용을 잘 보여준다.

빨강RED

오늘날의 남아프리카공화국 케이프주 서해안 지역에서 어부들은 작업장에서 일하느라 눈코 뜰 새가 없었다. 그들은 물감을 만드는 중이었다. 대대로 내려오는 지식과 기술에 의지해 골수에서 추출한 지방과 붉은 황토(산화철)를 조개껍질로 만든 단지에 넣고 뼈 주걱으로 조심스럽게 섞어가며 합성 물감 제작에 착수했다.

그들이 빨간 물감으로 무엇을 했는지, 몸이나 도구, 무기에 칠했는지 아니면 동굴 벽에 칠했는지는 정확히 알 수 없다. 그들이 물감을 만든 지가 벌써 10만 년이 넘었기 때문이다. 그때 이후로 풍화가 진행되면서 증거가 사라지고 말았지만 도구 상자와 빨간 물감의 찌꺼기, 그리고 빨간 얼룩이 묻은 구슬이 남아 있어 적어도 그때 이후로 인간은 색을 사용해 스스로를 표현하고 장식하는 능력이 있었다는 사실을 알 수 있다.

표현의 시작

똑같은 블롬보스Blombos 동굴에서 발견된, 이보다 훨씬 더 눈길을 끄는 유물은 아마도 현재까지 알려진 가장 오래된 상징 예술일 것이다. 유럽에서 이와 견줄 만한 유물이 나오기까지 약 3만 년이 걸렸는데 이곳에선 이미 삼각형과 마름모, 선을 새긴 황토편 두 점이 모습을 드러냈다. 유물의 연대는 7만 5천 년 전으로 거슬러 올라간다. 이번에도 우리는 이 판화가 정확히 무엇을 의미하는지 알 길이 없지만 이 지역의 다른 해안동굴에서 출토된 유물들을 통해 당시 이런 상징들이 널리 사용되었으며, 그 용도는 아마도 뭔가를 기록하려는 데 있었을 것이라고 추측해볼 수 있다. 이보다 나중에 남아프리카, 나미비아, 유럽, 중동, 오스트레일리아, 아시아 일부 지역의 동굴 거주민들이 남긴 벽화들은 노랑과 검정만 사용한 경우도 있었다. 다시 말해 그들은 빨강을 '선택'했다. 빨간 동물, 빨간 손, 빨간 사람들의 이미지가 모두 기록되어 있다. 스와질란드의 봄부산맥Bomvu Ridge에서 고고학자들은 4만 년 전 빨간색과 노란색 황토를 채취하던 광산을 발견했다. 이 황토는 몸에 그림을 그리는 용도로 사용했을 것으로 추정된다.

적어도 10만 년 전, 현생 인류의 두뇌가 진화하면서 사람들은 스스로를 장식하고 자신의 생각을 상징적, 예술적으로 표현하기 시작했다. 빨강이 모든 문화가 공유했던 최초의 색이었다는 사실은 어쩌면 당연

언뜻 이렇다 할 특징이 없는 듯 보이지만 남아프리카 블롬보스 동굴에서 출토된 이 붉은 황토편은 연대가 7만 5천 년 전으로 거슬러 올라가며, 인간의 손으로 만든 가장 오래된 예술 작품으로 알려져 있다.

한 결과일지도 모른다. 히브리 구전에 따르면 최초의 인간은 붉은 흙, 즉 토기용 찰흙으로 빚어진다. 아담을 뜻하는 히브리어의 뿌리는 '빨강'을 의미하며, '피'를 뜻하는 'dam'이라는 낱말과도 연관되어 있다. 다시 말해 아담A-dam은 '피의of blood'라는 뜻이다.

다른 예를 살펴보자. 최초의 백인 개척민들은 북아메리카에 상륙해 그곳에서 조우한 원주민들을 '붉은 인도인Red Indian'이라고 불렀다. 그들의 피부색 때문이 아니라 몸과 얼굴을 두껍게 칠하는 데 사용했던 붉은 황토 반죽 때문이었다. 이는 원래 출정용 물감이었지만 여름에 벌레를 쫓거나 겨울에 맨얼굴을 보호하는 용도로도 쓰고, 악귀를 물리치는 데에도 사용했던 듯하다.

아르헨티나에서 출토된 이 고대의 동굴화는 의사소통의 초기 형태로 기능했으며, 수천 년 동안 인간이 자신의 존재를 어떻게 기록했는지 보여준다.

성인식을 치르며 빨간 줄이 찍힌 담요를
두른 코사족 소년들.

탄생과 죽음, 불, 생식력

선사시대 예술과 장식에서 나타나는 빨강의 매력과 존재감은 단순히 그 시대와 유용성의 산물만은 아니다. 모든 대륙에서 빨강은 (검정과 하양을 제외하고) 고유의 이름을 지니게 된 최초의 색이었던 것 같다. 빨강은 기본 색상이자 열과 불의 색이다. 변화하는 나뭇잎의 색이라는 점에서 빨강은 또한 가을의 색, 녹(산화철)의 색깔이면서 산화철이 풍부해 '붉은 행성'으로 불리는 화성의 색이기도 하다.

피-탄생-죽음-생식력의 상징화는 대부분의 문화 전통에서 공통으로 나타난다. 남아프리카공화국의 코사Xhosa족 소년들은 성인기로 진입하는 통과의례의 일환으로 할례를 치르는데, 붉은색 줄무늬가 찍힌 담요를 두르고 치유받으며 그 후에는 명실공히 호사족 남성으로 인정받는다. 잠비아의 은뎀부Ndembu족 소녀들은 때가 되면 붉은 황토를 칠한 병아리를 건네받는데, 여기서 붉은 황토는 생리, 성교, 모성의 세계로 들어가는 입구를 상징한다. 병아리는 소녀들이 처음 성관계를 맺는 날 깨끗이 씻기며, 거기서 나온 붉은 물은 임신과 출산을 기원하는 데 사용된다. 고대 중국의 한나라(BC 206~AD 220)에서 황제의 여인들은 생리 중일 때면 이마에 붉은 점을 찍어 그 사실을 넌지시 알렸다.

인도 북부 지역에서는 아버지가 딸의 결혼식 날 딸에게 '핏빛 사리'를 선물하는데, 여기서 빨강은 생식력을 상징한다. 신부는 가르마와 발바닥, 두 손을 붉게 칠할 뿐만 아니라 이마에도 붉은 점을 찍거나 붙인다. 남편보다 먼저 사망할 경우 장례식 때 입히는 수의 또한 붉은색이다. 빨강은 '색의 축제'로도 알려진 인도와 네팔의 '홀리Holi'라는 힌두교 봄 축제에서 특히 두드러진다. 이 사랑의 축제는 악마의 화형과 악에 대한 선의 승리를 상징하는 모닥불 주변에서 춤을 추고 노래하는 것으로 시작된다. 축제 날 아침이면 사람들은 색 가루를 서로에게 뿌리고 물총을 쏘고, 붉은 염료를 섞은 물로 가득 채운 풍선을 던지며 서로 쫓고 쫓기는 가운데 실컷 먹고 마시고 논다. 오늘날에는 다들 아무 거리낌 없이 이 시간을 즐기지만 원래 이 축제의 목적은 성적인 활동을 장려하고 풍작을 기원하는 데 있었다. 붉은 황토는 생식력을 북돋워준다고 알려져 있었다.

중국인들도 고유의 색 체계에서 빨강을 맨 위에 둔다. 참고로 이 체계는 중국의 전통 사상에서 말하는 5원소, 즉 '적=화, 흑=수, 백=금, 황

=토, 청=목'에 부응해 다섯 가지 색을 기본 색으로 삼는다.

　빨강은 중국의 신년 행사 기간에 어디서나 볼 수 있는 축하의 색이기
도 하다. 이는 빨강이 활기와 정력 말고도 기쁨을 상징하기도 하며 씨
앗이 많아 자손의 번창을 상징하는 재생의 과일 석류의 색이기 때문이
다. 빨강은 또 행운을 상징하기에 명절이나 축하할 일이 있어 돈을 선
물로 줄 때도 붉은 봉투를 사용한다.

　빨강은 또한 보호의 능력도 있는 것으로 여겨진다. 이와 관련해 고
대 로마의 다신교도들은 사악한 기운, 특히 홍역으로부터 보호받기 위
해 종교의식 때 붉은색 옷을 입었다. 또 뉴질랜드의 마오리족 전사들
은 전투를 앞두고 보호해달라는 의미에서 온몸을 붉은색으로 칠하곤
했다. 그런가 하면 세계 몇몇 지역에는 아기를 아무 탈 없이 지켜달라
는 의미에서 아기 옷을 붉은색으로 장식하는 전통도 있다. 중국의 일
부 지역에서는 악귀를 막기 위해 아기 이마에 붉은 점을 찍는가 하면,
아이가 소심하다 싶으면 무서운 생각을 물리칠 용기를 주기 위해 옷에

색의 축제 '홀리'를 즐기느라 색 가루와 물
감으로 범벅이 된 참가자들.

한나라 때의 전통 의상을 입고 집단 결혼식에 참석한 중국의 신혼부부들.

다 조그만 빨간 주머니를 달아준다. 중국에서는 가족과 하객들뿐 아니라 신부 역시 붉은색 옷을 입는데, 이는 악귀를 막기 위해서다.

중국에서 빨강은 또 황토색으로 물들인 달걀의 형태로, 태어난 지 한 달된 아기를 세상으로 맞아들이는 데 사용되기도 한다. 이 밖에도 중국에서 빨강은 구애의식에 등장하기도 한다. 중국 남부 산악지대의 묘족은 화산절花山節을 기리는데, 이때 아이들은 기다란 빨간 띠로 장식한 막대 주위를 돌며 춤을 춘다. 처녀들은 양모 재질의 빨간 보닛을 착용한다. 자매절姉妹節이 돌아오면 처녀들은 점찍어둔 남자에게 매듭을 이어 만든 스카프를 건네는데, 스카프에 붉은색 막대가 두 개 달려 있으면 남편을 구한다는 뜻이고 붉은색 막대가 하나만 달려 있으면 연인을 구한다는 뜻이다. 또 빨간 고추가 달려 있으면 남자한테 원하는 게 아무것도 없다는 뜻이다.

하지만 몇몇 다른 문화권에서 빨강은 사악한 색이기도 하다. 예를 들어 중세 유럽에서는 악마를 종종 빨갛게 묘사했으며, 요한계시록에도 '붉은 빛 짐승'에 대한 언급이 나온다.

섹시한 빨강

현대 서구 문화에서 빨강은 여성의 성을 표현하는 수단으로 기능하기도 한다. 예를 들어 발그스레해 보이는 효과를 더해주는 볼연지는 오래전부터 가임 능력을 과시하는 데 사용되었으며, 좀 더 최근 들어서는 빨간 립스틱, 빨간 매니큐어, 빨간 드레스가 그런 역할을 해왔다. 몇몇 진화심리학자와 사회생물학자들은 전 세계 여성들 사이에서 보편적으로 나타나는 빨간색 화장품의 사용을 다년간 연구한 결과 이는 '하드웨어에 내장된' 다시 말해 진화된 행동이라는 결론에 이르렀다. 그 가운데 영국 출신의 동물학자이자 작가인 데즈먼드 모리스Desmond Morris는 빨간 립스틱의 사용은 발정기에 들어간 암컷 유인원의 벌겋게 부풀어오른 엉덩이를 보고 흥분해서 달려드는 수컷 유인원의 모습에서 비롯된 진화적 적응이라고 주장해왔다. 미국의 진화심리학자 도널드 시먼스Donald Symons는 그렇게까지 멀리 가지는 않지만 온통 새빨간 여성의 입술은 무르익을 대로 무르익은 생식 능력의 신호였으며, 그런 만큼 성적 신호에서 중요한 비중을 차지했을 테고, 그 결과 빨간 립스틱에 일종의 영예로운 진화의 훈장을 수여하게 되지 않았을까 하는 추측을 제기해왔다. 그들은 이를 '초정상supernormal' 자극이라고 부른다.

그러나 증거는 진화적 기원보다 문화적 기원의 손을 들어준다. 왜냐하면 보편화된 립스틱 사용은 대부분의 여성이 이 전략을 무시하고 지낸 지 수만 년이 흐른 20세기에 들어와서야, 그것도 맹렬한 광고 공세가 있고 나서야 비로소 시작되었기 때문이다. 현대 서구 문화에서 빨강이 함축하는 여성의 성적 의미는 강한 매력을 발휘하는 듯하다. 2012년 〈관광연구저널Journal of Hospitality & Tourism Research〉에 실린 한 논문을 보면 남성 고객이 빨간 옷을 입은 여종업원에게 주는 서비스 팁은 그렇지 않은 여종업원에게 주는 서비스 팁보다 26퍼센트 많은 것으로 나타난다. 하지만 여성 고객은 여종업원이 빨갛게 입든 아니든 똑같은 팁을 주었다.

빨강에서 유래한 문화적 용어(와 관용구)를 들여다보면 피, 섹스, 정욕과 멀리 떨어져 있지 않다는 것을 알 수 있다. 예를 들어 '혈기왕성한 수컷red-blooded male'임을 자처하는 남성이라면 '부어라 마셔라 흥청망청 떠들썩하게 놀고painting the town red'—방탕한 행동을 가리키는 19세기 용어로 미국 독립기념일에 화톳불과 폭죽을 사용하는 데서 생겨났다―는 '홍등가red light district'에서 '격렬한 섹스red-hot sex'를 추구할지도 모른다. 그러나 그 남자는 어딜 가나 아내가 감시의 눈길을 번득이고 있다는 걸 알면 '불같이red-hot' 화를 낼 것이다. 영어에 질투나 시기심에 못 이겨 '퍼렇게 질렸다green-eyed'는 표현이 있다. 하지만 중국어에서는 신화 속 불을 내뿜는 용에 빗대 '눈이 시뻘게졌다red-eyed'고 표현한다.

빨강이 함축하는 의미가 여성에게 늘 긍정적인 것만은 아니다. 17세기 보스턴의 청교도 사회를 배경으로 한 너새니얼 호손Nathaniel Hawthorne의 1850년 소설《주홍 글씨The Scarlet Letter》를 보면 미모의 여주인공 헤스터 프린이 간음죄 판결을 받고 가슴에 큼지막한 주홍색 'A'자('간음'을 뜻하는 'adultery'의 머리글자)를 단 채 교수대로 향하는 장면이 나온다. 그런데 이는 순전히 허구의 산물만은 아니었다. 당시 간음죄로 유죄 판결을 받은 여성들은 공개석상에서 매질을 당한 뒤 옷에 'A'자를 꿰매 달아야 했다. 그 글자를 떼어내기라도 하면 그 여성은 다시 매질을 당했다. 오늘날 '주홍 글씨'라는 용어는 과거에 저지른 잘못을 가리키는 표현으로 여전히 사용되고 있는데, 예를 들어 '현행범으로red-handed'으로 체포된 전력이 거기에 해당될 수도 있다. 15세기 스코틀랜드로 거슬러 올라가는 이 표현은 밀렵을 하다 손에 피를 묻힌 채 체포된 사람들을 가리키는 말로 당황한 나머지 '얼굴이 빨개졌다red-

빨강으로 섹시하게―패션계는 아니타 에크베르크Anita Ekberg(왼쪽)의 립스틱과 드레스가 대변하는 빨강과 성적 매력 사이의 연관성에 주목했다. 오른쪽은 같은 시기의 다른 모델.

faced'는 표현도 비슷한 상황에서 유래했다.

빨강의 매력은 시간의 흐름과 함께 변화를 겪어왔다. 프랑스와 독일의 1600년대 민담을 바탕으로 그림 형제가 1812년 출간해 인기를 모은 《빨간 모자Little Red Riding Hood》를 보면 빨간 망토 차림의 어린 여자아이가 할머니 옷을 입고 변장한 늑대에게 속아서 침대로 다가갔다가 잡아먹힌다는 내용이 나온다. 한스 크리스티안 안데르센이 1845년 발표한 《빨간 구두The Red Shoes》에서는 그 구두의 힘을 둘러싼 메시지가 섬뜩할 만한 경고성을 띤다. 농부의 딸 카렌은 부유한 노부인의 사

너새니얼 호손의 《주홍 글씨》에서 간음죄로 낙인찍힌 헤스터 프린. 이는 현실에 뿌리를 둔 형벌이었다.

빨간 망토 차림의 《빨간 모자》 주인공(왼쪽)과 빨간 구두를 신은 카렌(오른쪽).

려 깊은 경고를 무시하고 허영에 빠져 빨간 구두를 산다. 그녀는 구두를 신자마자 자신의 의지와 상관없이 계속 춤을 출 수밖에 없다. 결국 그녀는 한 나무꾼에게 부탁해 구두가 단단히 달라붙은 발을 자르게 한 뒤 눈을 감는다. 94년 뒤 〈오즈의 마법사The Wizard of Oz〉라는 영화에서 도로시는 지루하고 단조로운 캔자스를 떠나 반짝이는 마법의 빨간 슬리퍼를 신고 성취감과 기쁨에 겨워 깡총거리며 노란 벽돌 길을 따라 내려간다.

> ## 황소는 왜 빨강을 볼까?
> 사실 황소는 빨강을 보지 못한다. 개와 고양이처럼 황소도 적색맹이지만 예전 투우사들은 이 사실을 알지 못했다. 이후 여러 실험 결과 황소는 투우사가 흔들어대는 망토의 파란 천에도 격렬하게 반응한다는 사실이 밝혀졌다. 황소를 격분하게 만드는 것은 색깔이 아니라 흔들어대는 동작이다. 빨강은 또 투우사의 망토와 제복으로 안성맞춤이다. 황소의 피와 투우사의 피를 모두 가려주기 때문이다.

혁명의 빨강

빨강 하면 가장 먼저 떠오르는 것 중 하나가 정치적 좌파, 즉 사회주의와 공산주의와 혁명의 피이다. 이는 군함들이 죽기를 각오하고 싸우겠다는 의미로 빨간색 깃발을 달던 중세로 거슬러 올라간다. 빨강이 시위와 최초로 연관된 때는 1293년이었다. 당시 영국 해적단이 왕은 해적이 포획한 선박의 노획물을 공유할 권리가 있다는 조항에 반발해 빨간 기를 달았다. 유럽 전역에서 빨강은 저항, 예를 들어 포위당한 성과 도시의 저항을 나타내는 데 사용되었지만 1789년 바스티유 습격으로 시작된 프랑스혁명 때, 그리고 그 뒤 1791년 라파예트가 폭도들의 해산을 명시한 군법을 선포하고 그중 50명을 처형한 뒤 샹드마르 위로 빨간 깃발을 게양하면서 본격화되었다. 이후 자코뱅파는 자신들만의 빨간 깃발을 달아 '순교자들의 피'를 기렸고, 뒤이은 공포 정치 기간 중 빨간 깃발은 이 정파의 비공식적인 상징으로 자리 잡았다. 그러고 나서 빨간 깃발의 매력은 급속도로 확산된다. 영국 선원들도 1797년 반란을 일으켰을 때 자신들의 선박에 빨간 기를 게양했다.

빨간 깃발이 노동자들의 단결을 상징하는 표상으로 맨 처음 사용된 것은 1831년 사우스웨일스의 머서티드빌에서 일어난 봉기 때였다. 당시 시위자들은 송아지 피로 물들인 깃발을 들고 행진했다. 저항하는 빨강의 명성은 곧이어 대서양을 건너가 1836년 알라모 포위 공격 때 멕시코인들에 의해 사용되었다. 비슷한 이야기가 이탈리아 통일 운동 기간 중의 가리발디한테서도 나온다. 그의 추종자들은 빨간 셔츠를 입고 다녔다. 1848년 프랑스혁명과 1871년 파리 코뮌 당시의 현수막들도 빨간색이었으며, 그 뒤로 빨강은 공산주의의 색으로 알려지다가 나중에는 (맨 위 왼쪽 구석의 노란 망치와 낫, 별과 함께) 소련과 중국(장제스가 이끄는 국민당도 마오의 홍위군과 맞서야 하는 불리한 전투에서 혁명군으로서의 위상을 드높일 목적으로 빨간색을 사용했다)의 깃발로 채택되었다.

1906년 영국 노동당이 결성될 무렵 좌파 색으로서 빨강의 명성은 움직일 수 없을 만큼 확고하여 노동당은 빨간 깃발을 자신들의 상징으로 채택했지만 80년 뒤 이 깃발은 빨간 장미로 바뀌었다. 하지만 노동당 전당대회에서는 여전히 1889년에 나온 〈적기가The Red Flag〉라는 노래를 부른다. 1976년 노동당 국회의원들이 진심으로 이 노래를 부르자 토리당의 유력 인사 마이클 헤슬타인Michael Heseltine은 격분한 나머지

(시계 방향으로) 바스티유 감옥을 습격하는 프랑스혁명군/가리발디와 그 군대/1960년대 후반의 문화혁명기 때 국경절을 맞이해 중국 천안문 밖에서 시위를 벌이는 군중 행렬/1976년 모스크바에서 러시아 볼셰비키혁명 59주년을 기념하는 퍼레이드.

GARIBALDI.
Entrée e Naples.

빨간 바탕에 소비에트연방의 망치. 낫, 별이 그려진 공산당 선전물. 중앙에 레닌이 당당하게 서 있다.

머리 위로 의사봉을 흔들어댔다. 공산주의의 쇠락으로 빨강이 주는 충격 효과는 대폭 줄어들었지만 다음의 노래 가사는 깃발과 색과 피의 연관관계를 여전히 잘 보여준다.

> 민중의 깃발은 진홍색이며
> 순교자의 시체를 싼다.
> 시체가 굳고 식기 전에
> 그들의 심장이 주름을 붉게 물들인다.
> 붉은 기를 높이 들어라.
> 우린 이 안에서 살고 죽는다.
> 겁쟁이들이 움츠리고 배신자들이 비웃어도
> 우린 여기서 붉은 기를 휘날린다.

그 이후에도 빨강에는 여전히 예전 권세의 흔적이 있다. 2016년 브라질의 중도좌파 출신 대통령 지우마 호세프Dilma Rousseff가 이른바 헌정 쿠데타로 실각한 후, 빨간색 자전거를 타거나 빨간 셔츠를 입고 다니는 아이들이 반좌익 폭력배들에게 쫓기고 폭행당한다는 뉴스 보도가 몇 차례 있었다.

미국 정치에서 빨강은 특별한 위치를 차지하게 된다. 〈적기가〉는 작곡된 지 10년 만에 미국에서 제 길을 찾은 뒤 1909년에는 노동자들의 곡, 노래, 찬가 등을 발굴해 수록하는 '세계산업노동자연맹the Industrial Workers of the World'에서 발간하는 《붉은 노래집*Little Red Songbook*》에 실렸다. 그러나 1차 세계대전 이후 몇몇 주에서 적기 게양을 금지한 뒤로 빨강에 대한 미국인들의 반발은 점점 가속도를 더하며 그 어느 때보다 거세졌지만 대법원은 이런 일련의 행동을 위헌이라고 판결했다. 1950년대에 들어와 매카시 열풍이 불어닥친 미국은 '적색 위험Red Peril'과 '침대 밑 빨갱이들Reds under the Bed'(둘 다 '붉은' 공산주의에 대한 두려움에서 유래한 표현이다)에 대한 공포 속에서 생활했다.

미국 정당의 색깔에는 이상한 변칙이 하나 있다. 즉 중도우파 공화당은 대개 빨간색을 채택하는 데 비해 중도좌파인 민주당은 이따금 파란색을 채택한다는 점이다. 하지만 영국, 독일, 오스트리아, 아일랜드, 루마니아, 타이완, 캐나다 등지에서는 파랑이 보수주의의 색이다.

이는 사실 최근의 일로 1990년대 후반까지만 해도 그 반대 방향으로 가는 경향이 있었다. 그러다 조지 W. 부시를 권좌에 앉힌 2000년 대통령 선거에서 NBC 텔레비전 진행자 팀 러서트Tim Russert가 공화당 세력이 강한 주들에는 빨간색을, 민주당 세력이 강한 주들에는 파란색을 사용한 뒤로 그러한 관행이 그대로 굳어졌다. 일찍이 19세기 후반에도 파랑은 텍사스의 민주당원들을 가리키는 데 사용되었으며, 20세기 초반에는 〈뉴욕타임스〉와 〈워싱턴포스트〉가 민주당이 강세인 주들에 파란색을 사용했다. 그러나 관련 분야 권위자들이 '빨간 주(공화당)'와 '파란 주(민주당)'에 이어 때로 '보라 주(어느 한쪽으로 꼬집어 말하기 어려움)'라는 표현을 쓰면서 언론 매체들이 거기에 순응하기 시작한 것은 거의 2000년 이후부터였다. 〈뉴욕타임스〉 그래픽 편집자는 '공화당Republican'과 '빨강red' 모두 R 자로 시작하기 때문에 그런 선택을 하게 됐다고 설명했다.

'빨간 날red-letter day'의 유래

그 기원은 로마 달력이 중요한 날을 빨간색으로 표시했던 BC 509년으로 거슬러 올라간다. 이러한 관행은 대문자와 중요한 단어를 빨간색으로 강조하던 중세 유럽에서 다시 부활해 인쇄기의 발명 후에도 계속 이어졌다. 나중에 달력에 휴일을 빨간색으로 표시했고, '빨간 날'이라는 용어는 중요한 날을 뜻하게 되었다.

귀족적인 빨강

빨강과 관련한 역사적 언급이 모두 피와 불과 섹스에서 온 것은 아니다. 귀족적인 빨강의 유래는 그 사연이 매우 다르다. 돈, 지위, 권력과 관계되어 있다는 점에서 그렇다.

인간의 역사 중 대부분의 기간을 사람들은 색깔 있는 옷을 입지 않고 지냈다. 수렵-채집 생활에서 약 1만 년 전에 시작된 농업으로 이행하면서 의복 재료 또한 가죽과 모피에서 섬유로 달라졌지만 이러한 변화는 점진적으로 이루어져 장장 수천 년이 걸렸다. 섬유 옷을 염색하는 작업은 지극히 까다로워 제대로 뿌리를 내리기까지 또 수천 년이 필요했다. 어떤 색은 비를 몇 방울만 맞아도 염료가 씻겨나갔고, 그렇지 않은 색은 너무 비싸서 감히 생산할 엄두를 내지 못했다. 붉은 염료가 그랬다. 최상의 붉은 염료는 아메리카에서 서식하는, 가시배선인장 잎사귀를 먹고 사는 연지벌레에서 추출한 카민이었다.

이 염색 기술을 창안한 사람들은 아스텍인, 잉카인, 마야인들로 그들은 이 염료를 의학과 장식 용도로도 사용했다. 연지벌레 염료는 종교적으로도 중요한 의미를 지니고 있었다. 예를 들어 잉카인들은 여신 마마 우아코Mama Huaco가 빨간 옷을 입고 페루의 파카리 탐푸Paqariq Tampu 동굴에서 현현했다고 믿었다. 에르난 코르테스Hernan Cortes (1485~1547)가 이끄는 스페인 정복자들은 눈이 부시도록 새빨간 아스텍 의복에 단단히 매료되어 식민지 백성들로부터 그 제조법을 알아낸 뒤 그들을 동원해 물이 안 빠지는 이 놀라운 붉은 염료를 엄청나게 생산하면서 왕과 조국을 위해 거금을 벌어들였다.

2세기 가까이 스페인인들은 반은 과일이면서 반은 벌레인 이 조그만 다용도 동물을 둘러싼 황당무계한 소문을 퍼뜨리며 그 제조 과정을 철저히 비밀에 부쳤다. 멕시코에서 나오는 연지벌레 염료의 수출량은 16세기 초 연간 50톤에서 출발해 그해 말에는 160톤으로 늘어났다. 하지만 1777년 티에리 드 모농빌Thierry de Mononville이라는 25세의 프랑스 청년이 연지벌레로 뒤덮인 선인장 한 그루를 아이티의 포르토프랭스Port au Prince로 몰래 빼돌려 그곳에서 재배하기 시작하면서 그 비밀은 결국 드러나고 말았다.

그러나 염료 가격은 엄두도 못 낼 만큼 여전히 비쌌다. 염료 1킬로그램을 생산하려면 그 조그만 벌레 15만 마리가 필요했기 때문이다. 게

연지벌레에서 추출한 빨간색 염료로 염색한 망토를 두르고 당당하게 서 있는 아스텍의 마지막 통치자 몬테수마 2세. 스페인 정복자 에르난 코르테스에게 잡혀 투옥되기 전 모습이다.

다가 색소를 얻으려면 말려서 곱게 으깬 다음 백반과 섞어야 했다. 따라서 귀족이나 엄청난 부자가 아니고서는 빨간 옷이나 양탄자, 장식용 벽걸이를 구경할 수 없었다. 또 단순히 비용 문제만도 아니었다. 적어도 고대 그리스, 로마, 중국이 번성하던 시절 전 세계 권력자와 왕족들은 지위와 계급과 성별에 따라 사람들이 착용할 수 있는 의복, 색깔, 보석류에 제한을 두는 이른바 사치 금지법을 도입하고 있었다. 이는 사회의 위계질서를 강화하는 방법 중 하나였다.

로마제국 이후 유럽에서는 1500년대부터 이탈리아와 프랑스에서도 사치 금지법이 시행되었지만, 사자왕 리처드로도 알려진 리처드 1세 때부터 시행에 들어간 영국에서 가장 활발했다. 1197년 리처드 1세는 일반 백성은 회색 옷만 입도록 제한하는 법령을 도입했는데, 대부분의 사람들에게 이는 규제가 아니었다. 당시 서민들에게는 염색하지 않은 거친 회색 천으로 만든 옷 말고는 달리 선택의 여지가 없었기 때문이다.

세월이 흘러 염료 사용이 좀 더 용이해지면서 서민들도 제한적이나마 색깔 선택의 폭이 넓어졌다. 사치 금지법이 늘 활발하게 시행됐던 것은 아니지만 특히 엘리자베스 통치기에는 정기적으로 보완 작업을 거쳤다. 법을 준수하지 않을 경우 때에 따라선 벌금형, 재산 몰수 및 직위 박탈, 징역형, 심지어는 사형을 선고받을 수도 있었지만 금지된 색깔의 옷을 입었다는 이유로 처형되었다는 기록은 없다.

몇몇 유럽 국가에서는 색을 섞는 것을 금지하는 법도 있었다. 중세 시대에 색 혼합은 흑마술의 일부로 여겨졌다. 그 결과, 예를 들어 파랑과 노랑 염료를 섞어 초록을 만들어내는 행위는 엄격히 금지되었고, 노동자 길드에서는 빨간색과 노란색 복장으로 일하는 사람들에게 검은색과 파란색 복장으로 갈아입도록 제한했다.

사치 금지법의 주된 목적은 이런저런 색깔의 옷을 입고 있는 사람들 사이에서 손쉽게 신분을 식별해내는 한편, 새로 부자 대열에 합류한 상인들과 대대로 땅을 소유해온 귀족들을 구분하기 위해서였다. 이러한 법령의 제정은 일반 백성들의 과소비와 허영, 도덕적 해이를 막아야 한다는 공개적 요구에 가장 큰 영향을 받았다. 반면에 서민들이 어떤 식으로든 돈을 쓰도록 권장한다는 이차적 목적도 있었다. 예를 들어 1571년 영국의 양모 생산을 독려할 목적의 새로운 사치 금지법이 도입되었는데, 6세 이상의 평민 남자들은 어느 누구 할 것 없이 일요일과 휴일마다 양모 모자를 착용해야 한다는 내용을 골자로 하고 있다. 이를 어길 경우 무거운 벌금을 물어야 했다.

이러한 법령 아래서 금, 은, 진한 파랑, 검정, 순백색과 더불어 빨강은 최상위 귀족들만을 위한 색이었다. 보라는 왕족들에게만 허용되었다. 서민들은 회색, 갈색, 노랑, 초록, 주황, 연한 파랑, (몇 세기 뒤 분홍으로 불리게 되는) 연한 빨강 같은 세속적인 색깔로 만족해야 했다.

17세기 말에 이르러 유럽의 사치 금지법은 모조리 폐지되거나 용도 폐기되었다. 그러나 빨강은 여전히 귀족, 추기경, 부유한 상인들의 성역으로 남았다. 이는 순전히 연지벌레 염료로 염색하는 데 드는 비용이 비쌌기 때문이다.

빨강은 수백 년 넘게 귀족들만을 위한 색이었다.

값도 싸면서 물이 안 빠지는 대체물, 즉 알리자린alizarin이라는 새로운 합성염료가 나오기 시작한 것은 1870년대에 들어와서였다. 순식간에 빨강은 귀족의 지위를 잃은 채 번드르르하고, 천박하고, 선정적으로 비춰지게 되었다. 하지만 과거의 화려한 광휘 가운데 한 가지만은 오늘날까지도 여전히 명맥을 유지하고 있다. 바로 붉은 양탄자이다. 붉은 양탄자의 사용과 관련한 언급은 아이스킬로스의 그리스 희곡《아가멤논Agamemnon》에서 처음 등장한다. 주인공 아가멤논이 트로이에서 돌아오자 그의 아내는 진홍빛 양탄자를 깔아 남편을 환영한다. 사우스캐롤라이나 조지타운 주민들이 1821년 미국 대통령 제임스 먼로의 방문을 앞두고 환영의 뜻도 건넬 겸 강둑의 진흙 때문에 발을 더럽히지 말라는 의미에서 붉은색 양탄자를 깔아놓은 뒤로 이는 현대의 전통 중 하나로 자리 잡았다. 오늘날 붉은색 양탄자는 교황에서 오스카상 수상자에 이르기까지 모두를 위해 사용되고 있으며, '붉은 양탄자를 깔다rolling out the red carpet'라는 표현은 필요 이상의 야단스러운 환영을 가리키는 은유로 자리 잡았다.

스타벅스와 연지벌레 염료의 부활

20세기에 들어와서는 물이 안 빠지는 빨간색 합성염료는 흔해빠졌지만 음식과 화장품에도 안심하고 사용할 수 있는 빨간색 염료는 여전히 문제로 남아 있었다. 시판되는 염료의 상당수가 발암성 물질로 밝혀졌고, 따라서 안심하고 먹을 수 있는 빨간색 식용 색소를 찾으려는 노력은 연지벌레의 귀환으로 이어졌다. 그리하여 이 자연염료는 E120이라는 번호를 달고 잼, 마라스키노 체리, 소시지 거죽, 일부 알코올음료, 그리고 스타벅스에서 판매하는 '스트로베리 & 크림 프라푸치노' 같은 음식뿐만 아니라 립스틱, 볼연지, 파우더, 아이섀도 같은 화장품에도 등장하기 시작했다.

발암성 식품첨가제에 대해 우려하던 사람들에게는 바람직한 일이었을지도 모르지만 순수 채식주의를 고수하려는 사람들이나 벌레를 먹는다는 생각만으로도 비위가 상하는 사람들에게는 그렇지 못했다. 2012년 몇몇 블로거들이 E120이 실은 연지벌레 성분의 색소라는 사

실을 알고는 격분해서 스타벅스를 상대로 온라인 청원 운동을 벌였다. 6,500명이 서명했을 뿐인데도 시애틀에 본사를 둔 스타벅스는 무릎을 꿇고 연지벌레를 토마토 추출물로 대체하겠다고 발표했다. 연지벌레는 지금도 립스틱 같은 화장품과 일부 식품에 널리 사용된다. 참고로 연지벌레 성분의 색소는 발암물질이 아니지만 알레르기성 반응은 유발할 수 있는 것으로 밝혀지고 있다.

산타클로스와 빨강

새빨간 성직자 복장의 성 니콜라스와 다른 색깔의 옷을 입고 있는 다양한 모습의 산타. 빨강이 산타의 공통된 색으로 자리 잡게 된 것은 19세기에 들어와서였으며, 그 뒤 20세기에 이르러 코카콜라사 덕분에 이러한 경향은 완전히 굳어졌다.

빨간 산타는 코카콜라사의 작품이라는 이야기가 심심찮게 나돌지만 꼭 그렇지만도 않다. 산타클로스의 원조 격인 4세기의 친절한 주교 성 니콜라스는 새빨간 복장을 하고 다녔다고 전해지지만 이를 둘러싸고 의견이 약간 분분하다. 성 니콜라스가 중세 시대에 처음 모습을 드러냈을 때 빨간색 옷을 입은 모습으로 종종 묘사되었지만 초록색 옷을 입은 모습도 있었다. 세월이 흘러 유럽 너머에서도 갈색과 기타 다른 색 옷을 입은 산타들이 등장했지만 19세기로 접어들면서 빨강이 공통으로 자리 잡았다. 오늘날의 산타 모습은 스웨덴 출신의 일러스트레이터로 코카콜라사에 기용되어 연작 광고 제작에 참여한 헤이든 선드블롬 Haddon Sundblom의 작품이다. 그는 새하얀 족제비 털로 끝단을 장식한 빨간 외투 차림의 뚱뚱하고 유쾌한 산타를 선보였는데, 무슨 우연의 일치인지 이 두 색깔은 코카콜라사의 브랜드 컬러와도 잘 맞아떨어졌다. 참고로 이 회사의 브랜드 컬러 빨강과 흰색은 1920년대까지 레시피의 일부였던 코카잎의 원산지 페루의 국기에서 차용했다.

주황ORANGE

영국의 여류 시인 크리스티나 로세티Christina Rossetti의 시 가운데, 자연의 색을 모두 떠올려봤을 때 단 하나, 주황만은 잘 설명이 되지 않는다고 푸념하는 시가 있다. 〈분홍은?What is Pink?〉라는 시는 "주황은 뭐지? 왜 하필 주황이지?/그냥 주황이니까!What is orange? Why an orange?/Just an orange!"로 끝난다. 사실 색으로서 주황은 과일 오렌지보다 그 범위가 훨씬 더 넓다. 자연은 석양과 꽃들과 향신료에서부터 놀라울 만큼 다양한 과일과 채소에 이르기까지 주황을 보여주지만, 한 가지 점에서 로세티가 옳았다. 즉 영어 단어를 통틀어 그 이름이 과일에서 유래한 색은 주황밖에 없다. 다른 언어에서는 색과 과일의 이름이 서로 다르다. 예를 들어 아프리칸스어(네덜란드어에서 갈라져 나온 언어로 남아프리카에서 사용된다−옮긴이)에서 과일 오렌지를 가리키는 단어는 'lemoen'이지만 색깔 주황에 해당하는 단어는 'oranje'이다.

물감 팔레트에서 주황은 물론 빨강과 노랑을 섞어 만들지만 독립된 안료로서 주황은 비교적 최근에야 물감 상자에 모습을 드러냈다. 선홍색(카드뮴 레드)과 적황색(크롬 오렌지)이 발견된 지 겨우 200년 정도밖에 되지 않았기 때문이다. '주황'이라는 단어가 영어에 등장한 것도 비교적 최근이다. 힘바어, 나파나어, 피라항어를 비롯해 이 색을 가리키는 단어가 아직 없는 언어도 더러 있다. 이는 부분적으로는 주황이 함축하는 의미가 다른 색들보다 제한적이기 때문에, 다시 말해 주로 밝고 따스한 낙관주의와 이질성을 띠는 정치적 정체성, 나아가 원뿔형 교통 표지, 구명조끼, 위험한 기계와 항공기 '블랙박스' 등에 사용되는 높은 가시성의 색깔로 국한되기 때문인 듯하다.

오렌지의 여행

오렌지는 4,500년 전쯤 중국에서 처음 재배된 이후로 실크로드를 거쳐 서서히 서쪽으로 이동했다. '오렌지'라는 말은 '향긋하다'를 뜻하는 인도 남부의 고대 드라비다어에서 유래했다.

그곳에서 이 말은 산스크리트어에 병합되었고, 이후 오렌지 나무를 가리키는 산스크리트어 'narangah'는 오렌지를 심고 판매하는 지역을 이동하면서 수많은 언어로 번역되기에 이르렀다. 그래서 언어권은 달라도 발음은 비슷하다. 즉 인도어로는 'naranga', 페르시아어로는 'narang', 아랍어로는 'naranj', 스페인어로는 'naranja'이다.

영어에서 주황orange이라는 단어는 산스크리트어의 변형이다. 사람들은 'a naranga'를 'an aranga'로 오인했고, 그 결과 'an orange'가 되

오렌지는 몇천 년 전부터 재배되기 시작해 서쪽으로 서서히 이동했고, 그 결과 그 경로상에 있던 수많은 언어가 이 과일을 가리키는 단어를 비슷하게 발음하게 되었다.

었다. 독사의 일종인 살무사adder의 이름에도 이와 똑같은 일이 발생해 중세 영어 'a naddre'는 결국 'an adder'로 굳어졌다.

문제의 과일이 들어오기 전 '주황'을 가리키는 영어 단어는 '황적색 yellow-red'을 뜻하는 'geoluread'밖에 없었다. 오렌지라는 단어가 널리

45

보급되기 시작하면서 이를 색 이름으로 채택하게 된 것은 16세기에 들어와서이다. 그 과일은 누가 봐도 주황빛을 띠었기 때문이다.

주황의 이상한 정치학

주황이 정치와 국가의 영역으로 들어오면 과일이나 색과는 무관한 의미들을 띠게 되지만 어찌된 영문인지 그럼에도 여전히 그와 중첩되는 부분이 있다. 오늘날 네덜란드에서 주황은 기분 좋은 축하의 색이다. 매년 4월 27일이면 네덜란드인들은 주황색으로 차려입고 왕의 날을 축하하며 즐거운 시간을 보낸다. 그러나 지정학과 부족의 정체성, 민족의 자존심과 관계될 경우 주황은 오래전부터 주전 선수 역할을 맡아왔다.

이야기는 BC 105년으로 거슬러 올라간다. 이 무렵 로마인들은 프랑스 프로방스의 (켈트족 물의 신 이름을 딴) 아라우시오Arausio에서 켈트족과 싸워 아라우시오 식민지를 건설하기에 이른다. 이 이름은 언어학적으로 주황을 뜻하는 당시의 단어와 뒤섞였고, 이는 결국 3세기 말의 오랑주-오라네 교구 건설로 이어졌다. 그러고 나서 12세기에 들어와 이곳은 신성로마제국의 영지인 오랑주-오라네 공국으로 발전했다. 그 뒤 독일계 네덜란드의 오라네-나사우 왕조가 오랑주-오라네 공국을 비롯해 프로방스 일대의 땅을 차지했다. 이는 우리를 1544년으로 데려간다. 이 무렵 '오라네 공'이라는 작위를 물려받은 윌리엄 1세는 스페인의 지배에 맞서 네덜란드 봉기를 이끌어 결국 오라네-나사우 왕가의 이름 아래 네덜란드의 독립을 달성했다. 1688년 '명예혁명'으로 알려진 영국의 반가톨릭 봉기 이후 오라네 공 윌리엄 3세는 잉글랜드와 스코틀랜드와 아일랜드의 왕이 되었다.

1년 뒤 '빌리 왕'(윌리엄 3세. 오라네와 잉글랜드에서는 3세, 스코틀랜드에서는 윌리엄 2세가 되었다)은 아일랜드의 보인Boyne 전투에서 폐위된 왕 제임스 2세를 격퇴했다. 최소한 2천 명이 죽고 5만 명이 다친 이 전투로 이후 3세기에 걸쳐 아일랜드 프로테스탄트의 지배와 아일랜드 가톨릭에 대한 탄압이 시작되었다. 승리한 프로테스탄트 윌리엄 3세를 기려 주황은 아일랜드 왕당파의 색으로 자리 잡았다. 이후 왕당파는 '오렌

네덜란드인들은 전통적으로 주황색 옷을 입고 국경일인 왕의 생일을 축하한다(위). 오라네 공국 지도(아래).

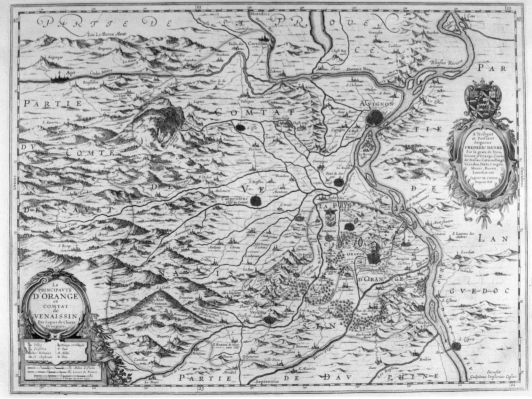

지단Orange Order'이라는 단체를 결성해 군주의 충직한 프로테스탄트 신하라는 자신들의 정체성을 확고히 다졌다. 한편 이들과 정반대 입장에 섰던 공화파는 훗날 초록을 자신들의 색으로 채택했다. 밀고 당기는 타협의 결과 1922년 아일랜드 자유국이 마침내 국가로 비준되면서 공화파 중심의 가톨릭교도들은 오랜 꿈을 일부나마 실현했다. 이들의 새로운 삼색기는 한쪽 옆은 게일족의 초록색, 그 반대쪽 옆은 왕당파의 주황색, 그 사이의 중앙은 평화를 상징하는 흰색이 차지했다.

한편 네덜란드가 정복한 식민지들은 주황색 깃발의 영향권 아래 들어갔다. 이 가운데 하나가 네덜란드 동인도 회사에서 구축한 희망봉이었지만 나폴레옹 전쟁 기간에 영국이 이 전초기지를 차지하자 네덜란드 정착민들은 북쪽으로 이동하며 머스킷총을 들고 조상 대대로 내려오던 아프리카인들의 땅을 빼앗았다. 오라네-프리스타트(오렌지 자유국)는 19세기 중반 들어 이런 식으로 차지한 지역 중 한 곳이었다. 주황과 흰색의 깃발과 함께 그곳에 정착한 농부들은 훗날 앵글로-보어전쟁에 나가 오라네 왕가의 후손들과 가족 관계로 엮여 있는 영국 왕의 정부군과 맞붙었다.

일이 더 복잡하게 꼬이려고 그랬는지 이 프로테스탄트 네덜란드 후손들은 가톨릭 아일랜드 공화파의 지원을 받았는데, 이들은 또 조국 아일랜드에서 프로테스탄트 오렌지 당원들과 싸우고 있었다. 몇십 년 뒤 네덜란드의 주황색 줄을 국기에 포함하는 남아프리카공화국은 생존을 위해 승산 없는 싸움을 벌이며 암살자들을 보내 예전 동지들, 그러니까 90년 전 '주황색' 보어인들을 지지했던 공화파의 '초록색' 후손들과 싸우고 있는 얼스터의 오렌지 당원들과 손잡았다.

일은 갈수록 더 꼬여 초록색의 아일랜드가 국기에 주황색을 받아들일 즈음 놀랍게도 주황의 네덜란드는 그 색을 저버린 지 오래였다. 하지만 이는 정치와 전혀 상관이 없었고, 순전히 날씨와 염료와 상식에 기인한 결과였다. 예전 네덜란드 국기에는 주황과 흰색, 파란 줄무늬가 있었다. 문제는 빨강과 노랑을 섞어 만든 식물염료의 불안정성 때문에 주황색 줄이 햇빛에 노출되거나 비를 맞으면 빨갛게 변하는 특징이 있었다는 점이었다. 네덜란드인들은 실용적인 국민인지라 1630년경부터 주황 대신 빨강으로 만족했다.

그리하여 오늘날의 네덜란드 국기는 빨간색과 흰색, 파란색을 띠게 되었지만 바다에서는 한동안 예전의 주황색과 흰색, 파란색 국기가 사용되었다. 네덜란드의 이전 식민지 가운데 몇몇 곳에서 국기에 이 세

영국군과 교전하고 있는 오렌지 자유국의 네덜란드계 후손인 보어인들.

가지 색깔을 택했기 때문이다. 그중 한 곳이 뉴욕시였다. 네덜란드인들이 원래는 뉴암스테르담이라는 이름으로 세운 이 도시는 나중에 영국인들 손에 넘어가 처음으로 뉴욕으로 불리다가 1673년 3차 영국-네덜란드 전쟁에서 영국이 패배한 뒤 잠깐 동안 뉴오렌지로 불렸다. 그러고 나서 1년 뒤 양국은 웨스트민스터 조약에 서명했다. 이로써 도시는 영국의 지배 아래 다시 뉴욕이 되었지만 깃발에는 뉴욕 주 올버니와 마찬가지로 수직의 주황색 줄이 남게 되었다. 국가 기념행사 때마다 등장하고 스포츠 팀들도 앞다퉈 사용한다는 점에서 주황은 네덜란드 국민에게 여전히 특별한 색이지만 오늘날의 주황은 예전보다 좀 더 밝고 옅어졌다.

오렌지 단원과 중산모

오렌지단은 프로테스탄티즘과 영국의 지배를 적극 지지했던 프리메이슨과 성격이 비슷한 조직으로 1795년에 결성되었다. 단체의 이름은 보인 전투에서 승리함으로써 아일랜드 프로테스탄트들의 입지를 강화한 네덜란드인 윌리엄 3세에게 바치는 찬사였다. 19세기에 들어와 이들은 연례 행진 때마다 윌리엄의 군대가 그랬듯 주황색 어깨띠를 두르기 시작했다. 하지만 중산모는 20세기 초에 영국에서 권위의 상징으로 채택되었는데 여왕의 근위 장교, 회사의 임원들, 북아일랜드 부두의 관리자들이 작업복으로 이를 착용했기 때문이다. 오렌지 단원(여성은 가입할 수 없다)은 어두운 색의 정장 차림에 흰색 장갑을 끼고 윌리엄 3세를 기리는 주황색 기를 들고 다니기도 한다.

전통적인 예복 차림으로 연례 행진을 벌이는 오렌지 단원들.

경기장의 주황

때로 사람들은 색이 함축하는 의미를 너무 곧이곧대로 받아들이는 경향이 있다. 주황도 예외가 아니다. 더럼대학교와 플리머스대학교의 인류학자들은 약간 이상한 연구, 그러니까 각 풋볼 클럽의 상징 색을 조사해 팀 성적의 측면에서 봤을 때 어떤 색이 가장 효과가 좋은지 알아보기로 했다. 그 결과 빨강이 일등, 주황이 꼴찌를 차지했다. 그래서 더럼대학교의 로버트 바턴 교수는 BBC에 출연해 자신의 가설을 설명했다. "첫째, 적극적인 서포터일수록 무의식적으로 빨강을 쓰는 클럽에 끌리는 경향이 높았고, 그런 만큼 그 클럽은 지역 사회 내에서 자원기반을 점점 넓혀나갈 수 있었을 겁니다. 둘째, 빨강을 쓰는 데서 오는 긍정의 심리 효과가 경기장에서의 플레이에 반영될 가능성이 높습니다. 그래서 빨강을 쓰는 팀과 붙게 되면 성적이 제대로 나오지 않을 수도 있습니다."

사실 둘은 전혀 연관이 없을지도 모른다. 상관관계와 인과관계는 서로 별개이기 때문이다. 각 클럽이 선택하는 색은 클럽의 역사와 깊이 맞물려 있으며, 서포터들이 특정 클럽을 선택하는 이유는 아주 다양하다. 팀은 색깔이 아니라 순위에 따라 부침을 겪는다.

주황을 착용하는 팀 가운데 가장 성공한 팀은 미국 NFL에서 두 차례나 우승을 거머쥔 마이애미 돌핀스일 것이다. 축구에서는 2015년 제3회 아프리카네이션스컵에서 우승한 코트디부아르, 세계적으로 유명한 자국 다트 선수들과 함께 주황을 착용하고 당당하게 경기를 펼치는 네덜란드가 있다.

오라녜가 왕들에게 무슨 일이 일어났을까?

오라녜가 왕과 왕비들은 네덜란드에서는 행복한 삶을 누려왔지만 잉글랜드와 스코틀랜드, 아일랜드에서는 단 한 명, 그러니까 명예혁명 후 제임스 2세를 몰아내고 영국 왕이 된 윌리엄 3세밖에 없었다. 그와 그의 영국인 아내 메리는 1689년 공동 통치자로 왕좌에 올랐다. 메리가 1694년 천연두에 걸려 사망하자 윌리엄 혼자 통치했다. 그는 동성애자라는 소문이 있었고, 후사를 남기지 못했다. 말에서 떨어진 후 1702년 폐렴으로 사망하자 왕위를 이을 후계자가 없었다. 결국 영국 왕위는 윌리엄 3세에서 그의 영국인 처제 앤에게 넘어갔고, 12년 뒤에는 독일 하노버 왕가 출신의 조지 1세에게 넘어갔다.

계피와 생강

멕시코에서 가장 인기 있는 운동선수는 '카넬로Canelo'라는 직업 복서인데, '계피'라는 뜻이다. 그의 본명은 사울 알바레즈로, 말 그대로 싸우는 기계이다. 그의 엄청난 인기는 그쪽 세계에서는 보기 드문 그의 주황색 머리카락 때문이기도 하다. 카넬로는 아름다운 사람, 섹스 심볼, 주목과 찬탄의 대상으로 널리 인식되고 있으며, 그의 붉은 왕관도 그중 일부이다.

예를 들어 영국에서는 인구의 약 4퍼센트, 그러니까 25명 중 1명이 표현형 빨강머리다. 이와 비교해 다른 서구권에서는 그 비율이 1퍼센트 안팎이다. 영국 인구의 약 28퍼센트가 '빨강'머리의 비표현형 대립유전자를 갖고 있다. 즉 이들은 유전형이다. 머리카락이 빨갛거나 주황인 사람들을 얕잡아 부르는 이름도 다양한데, 어떤 이들은 달라 보인다는 이유로 이들을 따돌리며 으름장을 놓기도 한다.

부디카Boudicca, 헨리 8세, 크리스토퍼 콜럼버스, 토머스 제퍼슨, 플로렌스 나이팅게일, 금발로 염색하기 전의 마릴린 먼로를 비롯해 용감무쌍한 '빨강머리'의 역사는 풍부하다. 하지만 문학은 그런 사람들에 대한 편견의 사례로 가득하다. 그들은 종종 솔직하지 못하고, 범죄적 성향이 강하며, 성적으로 문란하고, 화를 잘 내는 것으로 묘사되며, 이런 이유로 불꽃같은 색을 띠는 머리카락을 가리켜 '욱기가 있다hot-headed'거나 '불같다fiery'라는 표현을 쓴다.

《걸리버 여행기Gulliver's Travels》에서 조너선 스위프트는 빨강머리를

시계태엽 오렌지란?

폭력적이고 디스토피아적인 묘사로 화제를 불러온 앤소니 버제스의 1962년 소설은 속으로는 이상하지만 겉으로는 정상처럼 보이는 뭔가를 가리키는 런던 토박이말에서 제목을 빌려왔다. 버제스는 선 아니면 악만 행할 수 있는 사람을 지칭할 목적으로 이 말을 사용했는데, 1988년 편집판 서문에서 그는 이 말을 '겉보기에는 색과 즙이 풍부한 사랑스러운 유기체 같지만 실은 신 또는 악마, 또는 (그 둘을 아우르는) 전지전능한 존재의 조종을 받는 시계태엽 장난감일 뿐인 누군가'를 의미한다고 설명했다. 다시 말해 이는 작가가 목격한 부패한 사회를 표현한 것이다.

농담조로 이렇게 풍자했다. "여성이든 남성이든 빨강머리는 그렇지 않은 사람들에 비해 음탕하고 짓궂은 것 같습니다." 빨강머리와 급한 성격 사이에는 모종의 연관성이 있다는 생각이 가장 일반적이긴 하지만 이를 도덕적 약점과 결부시키는 이들도 그 못지않게 많다.

이런 태도는 역사적으로 그 뿌리가 깊지만 그것이 마치 그동안 참고 있던 외국인 혐오증의 마지막 형태이기라도 한 듯 더욱 악화된 것은 새천년에 들어와서인 것 같다. 지난 20년 동안 빨강머리 대상의 폭력 범죄 사건이 심심찮게 보도되었으며, 그중에는 머리 색깔 때문에

세계 챔피언 권투 선수 사울 '카넬로' 알바레즈는 주황색 머리카락을 갖고 태어난 몇 안 되는 멕시코인 중 한 명이다.

지속적으로 괴롭힘을 당하다 끝내 자살에 이르고 만 남학생도 있었다.

물론 빨강머리라고 해도 색과 색조에서 천차만별이기 때문에 흔히 말하는 '주황색' 머리와는 다른 경우가 많다. 빨강머리의 범위는 약간 붉은색이 도는 금발에서 눈부신 마멀레이드 오렌지를 거쳐 적갈색과 구릿빛, 진한 버건디에 이르기까지 상당히 다양하다. DNA 샘플을 통해 우리는 몇몇 네안데르탈인들은 밝은 주황색 머리카락으로 태어났다는 사실을 알 수 있다. 인간들 사이에서의 이런 머리색은 네안데르탈인들과의 제한된 교배를 통해 시작되었을 가능성이 높으며, 그 뒤 자연선택을 통해 널리 확산되었던 듯하다. 왜냐하면 이 머리색은 북부 유럽의 추운 지방에서 생활하는 사람들에게서 더 자주 보일 뿐만 아니라 주근깨와 자외선에 대한 높은 민감성, 아주 옅은 피부와 눈 색깔을 동반하기 때문이다. 다시 말해 이런 머리색은 처음엔 돌연변이로 출발

했지만 더운 지방에서 생활하는 사람들과 달리 환경이 꼭 불리하게 작용하지만은 않았다는 점으로 미루어볼 때 유전자 풀에서 선택되어 나오지는 않았다는 이야기이다.

아일랜드는 인구 중 약 10퍼센트가 빨강머리로 그 발생 빈도가 가장 높다. 스코틀랜드는 7퍼센트로 두 번째를 차지한다. 러시아 볼가 지방도 우드무르트인으로 알려진 인구 집단 덕분에 빨강머리가 많은 곳으로 꼽힌다.

그런 지역들이 특정한 유전적 특징을 띠는 이유는 유전자 부동genetic drift 때문일 수 있다. 무작위성 유전자 돌연변이로 생겨난 어떤 특징이 진화상의 그 어떤 강점이나 약점으로도 작용하지 않은 채 소규모의 고립된 인구 집단 내에 뿌리를 내릴 경우 그런 현상이 발생하며, 일단 뿌리를 내리고 나면 그와 같은 중립성에 힘입어 널리 확산된다. 빨강머리가 많은 집단일수록 지리적으로 한 곳에 몰려 있다는 사실은 유전자 부동이 개입했을 가능성을 시사한다. 중국 일부 지역과 기타 아시아 몇몇 지역에 가면 빨강머리가 유독 많다. 여간해서는 하얀 피부가 나오지 않는 폴리네시아에서 빨강머리는 전통적으로 리더십과 고귀한 혈통의 징표로 인식된다. 유전자는 그 형태가 다양하지만 빨강머리는 대개 16번 염색체의 열성 대립 유전자가 중복될 경우 발생한다. 이는 페오멜라닌이라는 색소를 형성하는 특정 단백질의 생산으로 이어지는데, 바로 이 색소가 빨강머리를 유발하는 것이다.

불교도와 하리크리슈나
그리고 주황

불교 승려들이 입는 법복(오른쪽 사진)은 겸양과 소박함을 상징한다고 알려져 있지만 주황색 자체는 특별한 의미가 없다. 타이의 초창기 승려들은 바라밀나무 심재에서 얻는 주황색 염료가 지천에 널려 있었기 때문에 이 색을 선택했다. 그 뒤 하리크리슈나 추종자들도 주황을 선택했다. 그들의 '사프란색 법복'은 사실 현재 킬로그램당 7,200파운드를 호가할 만큼 엄청나게 비싼 사프란으로 염색하지 않는다. 이 향신료에 붙는 높은 가격표는 사프란꽃에서 암술머리를 추출하는 과정이 노동집약적 성격을 띠고 있기 때문이다.

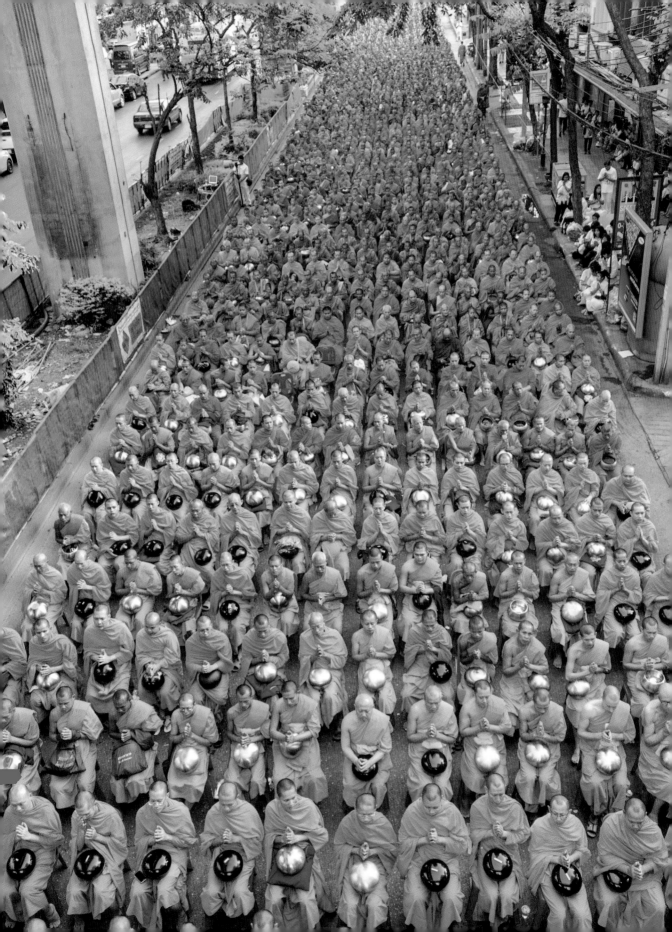

갈색BROWN

갈색은 기이하게도 익명의 색이다. 분홍처럼 갈색도 무지개나 색상환에서 찾아볼 수 없지만 분홍과 달리 갈색은 색깔을 다룬 대부분의 책에서도 빠져 있다. 밝기의 측면에서 보면 갈색은 명도 차이가 많이 나긴 하지만 노랑과 주황 사이에 있으며, 물감 상자에서는 일차색끼리 섞거나 주황에 파랑을 더하는 방법으로 얻는다. 따라서 갈색은 검정이나 흰색, 회색이나 금색과 달리 고유색으로서의 자격을 충분히 갖추고 있다. 하지만 누가 주요 색깔의 이름을 대보라고 하면 갈색은 십중팔구 까맣게 잊힐 것이다.

긍정적인 쪽으로든 부정적인 쪽으로든 갈색의 강력한 영향력으로 볼 때 이는 이상한 일이 아닐 수 없다. 초록과 함께 갈색은 자연의 주된 색깔 중 하나로 따스하면서 포근한 느낌을 준다. 실제로 우리의 마룻바닥과 가구, 우리가 먹는 것 가운데 상당수가 바로 이 갈색이다. 패션의 측면에서 갈색은 핸드백에서 벨트에 이르기까지 주로 가죽 제품에서 발견되지만 특정 직업군에서는 특히 정장과 셔츠, 구두에 사용될 경우 호의적이지 못한 평을 듣는다.

과반이 갈색

갈색으로 분류되는 색조의 범위는 그 어떤 색보다 넓다. 왜냐하면 갈색은 삼차색의 넓은 범위를 묘사할 수 있기 때문이다. 즉 빨강, 파랑, 노랑이라는 삼원색을 모두 포함하는 색이다. 따라서 갈색에는 딱히 정해진 기준이 없다. 엷은 황갈색에서 상아색에 이르기까지 어떤 색이든 '갈색'에 들어갈 수 있다. 예를 들어 머드 브라운, 체스트너트 브라운, 탠 브라운, 초콜릿 브라운, 베이지 브라운, 마우시 브라운, 리치 브라운, 커피 브라운, 러스티 브라운, 스트로 브라운, 번트 브라운 등 무수한 종류의 갈색이 있다.

갈색의 폭넓은 색조 범위는 오래전부터 수많은 인종의 피부색을 가리키는 고정관념으로 사용되어왔다. 진화의 역사에서 '하얀' 피부의 출현은 최근의 사건이다. 피부색이 옅을수록 피부가 햇빛을 통해 합성하는 비타민 D가 많아진다. 따라서 자연선택은 북쪽 지방에 사는 사람들일수록 피부색이 옅어지는 방향으로 진행되었다(이들은 비타민 D가 부족해서 생기는 구루병에 걸릴 확률이 적었기 때문에 살아남아 자손을 퍼뜨릴 확률이 그만큼 높았다). 약 5천 년 전부터 인간의 주된 식량원이 수렵과 채집에서 농업으로 바뀐 이후로 유럽인들의 피부색은 훨씬 더 어두워졌지만 그 무렵 몇몇은 이미 파란 눈으로 진화한 상태였다(5천 년 전

유럽 수렵-채집인의 유해에서 나온 DNA는 그가 피부는 가무잡잡하지만 눈은 파란색이었다는 사실을 보여준다). 그러나 농업의 도래는 식단의 변화를 의미했으며, 달라진 식단은 또 옅은 피부색에 대한 진화상의 압력을 증폭시켰다(그 이유는 비타민이 풍부한 음식이 갈수록 줄어들면서 햇빛을 통해 비타민 D를 확보할 필요성이 점차 높아졌기 때문이다. 다시 말해 피부색이 옅은 사람일수록 선택적 우위를 점했다는 이야기이다). 거기다 사람들이 점차 적도 근처로 이동하면서 자연선택의 결과에 따라 아프리카 일부 지역에서 피부색은 더욱 검어졌을 가능성도 높다. 암을 예방하는 멜라닌이 풍부한 검은 피부의 사람들은 그렇지 않은 사람들보다 더 오래 살 확률이 높았기 때문이다.

유럽에 농업이 시작되기 전 그곳 주민들은 이제 더는 존재하지 않는 검은 피부에 검은 머리, 파란 눈의 외모였다.

'함족'이 만든 것으로 알려진
청동 재질의 베냉 조각상.

인간의 유전체(게놈)를 자세히 살펴보면 피부 색깔, 눈 색깔, 머리카락 색깔의 차이는 극히 미미한 유전적 특징을 나타낼 뿐이라는 것을 알 수 있다. 그러나 노예제도와 식민지 시대를 거치는 동안 이 미미한 차이는 과장되었고, 그 결과 '갈색' 피부는 타고난 지능과 성품과 관련해 심오한 메시지를 전달한다는 믿음을 강화시켰다. 피부색이 짙은 사람들, 특히 아프리카에 뿌리를 둔 사람들은 '검둥이black'로 불렸으며, 20세기에 들어와서도 모름지기 힘과 영향력을 지닌 사람이라면 누구나 이 피부색에 대해 어떻게 느끼는지를 놓고 토론을 벌이는 데 지나칠 만큼 열심이었다. 예를 들어 독일계 스위스 심리학자 카를 융은 성인 아프리카인의 지능은 유럽인의 지능보다 훨씬 낮다는 가설을 증명하기 위해 '과학적 조사'를 실시할 목적으로 1925년 케냐를 직접 방문했다. 융의 시대만 해도 베냉 청동상에서 '그레이트 짐바브웨'에 이르기까지 식민지 이전 아프리카의 너무도 확실한 업적은 (성경에 나오는 노아의 아들 함의 이름을 따서) '함족'이라고 칭한 하얀 피부 민족의 결과임이 틀림없다는 견해가 널리 퍼져 있었다. 하지만 정작 함족은 존재하지 않았다.

세월이 흐를수록 '과학'은 갈색 피부의 의미 주변에 오해만 덧붙였다. 19세기 과학자들은 머리 크기와 뇌 무게에 지나치게 집착하며 때로 백인 남성의 머리 크기와 뇌 무게를 흑인 여성의 그것과 비교해 검은 피부와 작은 뇌, 낮은 지능 사이에는 모종의 연관성이 있다는 섣부른 결론을 내리기 일쑤였다. 그러고는 그런 머리 안에는 뭐가 들어 있는지 측정하는 방법을 찾아내 그 결과를 피부색과 출신 지역에 따라 범주화하기 시작했다. 그때 사용한 도구가 바로 IQ 테스트였는데, 과학자들은 이 도구가 타고난 지능을 측정해준다고 믿었다. 인구 집단 사이의 평균 IQ가 차이를 보이자 과학자들은 이로써 자신들의 논점이 입증되었다고 결론지었다.

그러다 나중에 IQ가 추상적 논리 수준을 어느 정도 측정할 수는 있지만 환경적 요인에 고도로 민감하다는 점이 드러났다. 사람들의 IQ는 추상화에 점점 더 많이 노출되면서 세대를 거칠수록 높아졌다. 하지만 달라진 문화 환경 때문에 몇몇 집단의 IQ는 다른 집단보다 더 빨리 증가하는 경향이 있었다. 1950년대에는 아시아계 아메리카인의 IQ가 평균보다 낮았지만 1980년대에 와서는 평균보다 높았다. 또 아메리카계 유대인의 IQ는 1차 세계대전 기간에는 평균보다 낮았지만 2차 세계대전 때에는 평균보다 높았다. 아프리카계 아메리카인의 IQ는 백

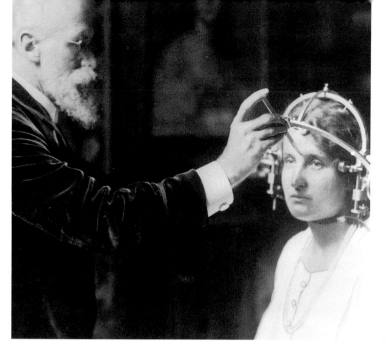

베를린 훔볼트대학교 교수가 특별히 고안한 도구를 사용해 타고난 지능 수준의 척도라고 여겼던 머리 크기와 두개골 모양을 측정하고 있다.

인 아메리카인보다 빠르게 증가했다. 가장 빠른 증가세를 기록한 집단은 케냐의 농촌 지역 아이들로 14년 만에 26.3점이 높아졌다. 다양한 이유로 떨어져 살면서 서로 다른 계층과 교육 환경에서 자란 일란성 쌍둥이에 대한 연구는 이들의 IQ가 최대 30점까지 차이날 수 있다는 점을 보여주었다.

　이렇게 해서 피부색과 지능(또는 기타 성격 특징) 사이에는 모종의 연관관계가 있다는 오해는 과학의 이름으로 일단은 잠재워졌지만 이러한 관계를 둘러싼 편견은 여전히 죽지 않고 살아남아 대중 심리학과 대중 과학책 속에서 아직도 가끔씩 길을 찾는다.

갈색 옷

특히 일터에서는 갈색 옷을 입으면 안 된다는 편견이 더러 있다. 2016년 영국 정부 산하 사회기동성위원회Social Mobility Commission에서 실시한 연구 결과에 따르면 노동계급 출신으로 일류 대학교를 나온 우수한 졸업생들이 갈색 구두 착용 같은 복장과 관련한 잘못 때문에 최고의 직장에서 배제되고 있는 것으로 나타났다. 이에 대해 위원회 수장 앨런 밀번Alan Milburn은 다음과 같이 말했다. "몇몇 투자은행 임원들은 여전히 지원자의 능력과 가능성보다 정장에 갈색 구두를 신는지 어떤지를 기준으로 판단합니다." '도시에서는 절대 갈색을 입지 말라'는 속담은 대도시에서 일하는 은행가와 법률가의 복장에 훨씬 더 엄격하게 적용된다.

이번에는 손꼽히는 시City 법률 회사에서 곧 일할 예정이었던 젊은 변호사에게서 나온 이야기이다. "수석 변호사 부인이 저에게 복장과 관련한 충고를 몇 마디 하더군요. '있죠, 흰색 셔츠는 절대 입지 말아요. 갈색 정장은 더더욱 안 돼요. 그건 도저히 용서가 안 되거든요.'" 최근 들어 갈색 정장과 구두를 선호하는 경향이 생기면서 금융 분야 밖에

갈색 셔츠 차림의 두 군인이 그려진 독일 나치당의 정치 선전 포스터.

갈색BROWN

서는 갈색 복장을 삼가라는 경고가 서서히 뒤집히고 있다.

역사적으로 갈색의 입지는 거의 나아지지 않았다. 예를 들어 군인 스타일인 어떤 사람이 갈색 셔츠를 입었다면 사람들을 놀라게 할 것이다. 이는 나치 돌격대의 제복 색깔 때문인데 이들은 '갈색 셔츠단 Brownshirts'으로 알려지게 되었다(1차 세계대전 이후 독일에서는 갈색 군인 셔츠가 쌌기 때문에 이 색이 선택되었다). 1920년대와 1930년대 초 갈색 셔츠 차림의 이 돌격대가 맡았던 역할에는 반대자들의 집회 방해와 나치가 보기에 적합한 '독일인'이 아닌 사람들에 대한 협박도 포함되어 있었다. 1933년 나치가 권력을 잡자 사람들은 이 사건을 '갈색 혁명'이라 불렀으며, 친나치 지역에 대해서는 '투표로 뽑힌 갈색'을 갖게 되었다고 말했다. 1934년 돌격대는 훨씬 더 악명 높은 SS(나치의 친위대)를 위해 길을 열었지만 그 무렵 갈색은 이미 나치의 색이 되어 있었다. 실제로 뮌헨의 돌격대 본부는 '브라운 하우스'로 불렸다.

하지만 갈색 중 한 유형은 영원한 유행으로 자리 잡아 갈색 정장이나 셔츠가 함축하는 부정적인 의미를 거의 지니지 않는다. 바로 카키가 그렇다. (노란 기운이 감도는) 연한 갈색의 이 변종은 전 세계 어딜 가나 오래전부터, 그러니까 맨 처음 ('흙빛의'라는 뜻의) 힌디어에서 '카키'라는 말을 빌려왔을 때부터 군복 색깔로 입지를 굳혀왔다.

카키 제복은 좀 더 실용적이며 예를 들어 (피를 숨기는 데에는 탁월하지만 총알을 피해 숨고자 한다면 그렇지 못한) 영국 군대의 예전 붉은 외투보다 눈에 덜 띈다. 2차 세계대전 이후 '카키'는 시민들의 캐주얼한 바지와 반바지로도 인기를 끌게 되었고, 오늘날까지도 다양한 소재와 색조로 남녀 모두에게 여전히 인기가 높다.

힌디어에서 유래해 옛날 군복 색으로 채택된(이 장 맨 앞에 수록한 사진에서 보듯 인도에서는 군복에 아직도 이 색을 사용한다) 카키는 현대 패션에서 새로운 활로를 찾았다.

'진절머리가 난browned-off'의 유래

이는 한 마디로 '짜증난annoyed'의 뜻이다. 원래 이 표현은 '망친ruined'을 뜻하는 농사 용어로 출발했다. 캔터베리 지방의 과일 수확을 취재한 1883년 〈옥스퍼드 저널Oxford Journal〉은 다음과 같이 보도했다. "축축한 날씨가 계속 이어져 그나마 다행이다. … 그렇지 않았으면 남아 있는 과일들마저 '갈색이 되어버려서browned-off' 쓸모없게 되고 말았을 것이다." 이 어구는 '지긋지긋한fed-up'을 뜻하는 군대 용어처럼 이미 100여 년 전부터 인기가 있었다. 이와 바꿔 쓸 수 있는 표현이 'brassed-off'인데 꼼짝없이 놋쇠brass를 닦아야 했던 하인들이 사용하던 말이었다.

브라우니

브라우니는 케이크 같은 선물, 사람들이 잠자는 동안 몰래 들어와 집 안을 깔끔하게 정리해놓아야 직성이 풀리는 강박증의 작은 요정들, 주니어 걸가이드, 걸스카우트가 함께 사용하는 이름이다. 스코틀랜드와 잉글랜드 북부의 민간전승에서 맨 처음 등장한 브라우니 요정은 갈색 곱슬머리와 갈색 망토 차림으로 집의 다락이나 구멍 같은 곳에 숨어 지내다 밤이 되면 조그만 음식 '선물'(특히 죽과 꿀을 좋아한다)을 받고 집 안을 깨끗이 청소하는 주름투성이의 왜소한 요정이다. 스칸디나비아어 'tomte' 또는 'nisse', 독일어 'Heinzelmännchen', 슬라브어 'domovoi' 도 이 요정과 비슷한 존재다. 가장 유명한 현대판 브라우니는 1949년 영국의 아동 문학가 에니드 블라이튼의 손에서 탄생한 (현명하지만 성미가 급해 그 누구의 멘토도 되지 못한 채 토이타운 근처의 한 독버섯 안에서 생활하는) 빅이어스Big-Ears이다.

주니어 걸가이드는 1918년부터 이 이름을 사용하기 시작했다. 당시 단원들이 사람들 앞에서 '로즈버드Rosebuds'로 불리는 게 싫다고 불평하자 이 단체 후원자 베이든 포웰 부인은 꼬마 요정 브라우니처럼 도움 주는 사람이 되든가 아니면 게으른 장난꾸러기로 남든가 둘 중 하나를 선택하게 되는 두 아이가 등장하는 1870년 동화《브라우니The Brownies》에서 대안을 찾았다. 걸가이드 브라우니는 선행으로 신뢰를 얻어, 1950년대 들어서는 '좋은 인상' 또는 '윗사람의 신임'이라는 뜻의 '브라우니 포인트brownie points'라는 말까지 생겨났다.

색 이름에서 온 가장 흔한 성은 무엇일까?

영어권 국가에서는 단연 브라운이다. 브라운은 미국, 오스트레일리아, 뉴질랜드에서는 네 번째, 캐나다와 영국에서는 다섯 번째로 흔한 성이다. 다채로운 성씨 목록에서 브라운 다음으로는 화이트, 그린, 그레이, 블랙, 스칼릿, 블루가 온다. 레이드Reid, 리드Read, 리드Reed, 리드Reade라는 성은 모두 옛날 영어 'Red'에서 유래했다. 이를 하나로 합치면 색과 관계있는 성씨 목록에서 4위를 차지하게 된다.

브라우니는 여러 가지 뜻으로 쓰인다. 어른 지도자인 브라운 아울Brown Owl의 말을 열심히 듣고 있는 브라우니 단원들(오른쪽)과 일을 해준 대가로 크리스마스 선물을 받고 즐거워하는 노르웨이의 집요정 니스(아래 왼쪽), 그리고 집 안 허드렛일을 하고 있는 영국의 집요정 브라우니(아래 오른쪽).

노랑 YELLOW

노랑은 색 전체를 통틀어 가장 쓰임새가 많다. 빨강은 열, 위험, 피와 한 쌍을 이루고, 파랑이 차가운 느낌, 진정 효과와 관계가 깊다면 이 세 번째 일차색으로는 뭐든 만들어낼 수 있다. 서구 문화권에서는 노랑이 보통 겁쟁이의 색으로 알려져 있지만 동양에서 노랑은 영웅주의와 모든 종류의 행복한 일을 암시한다. 14세기 일본 무사들은 전투에 나갈 때 노란 국화꽃을 달았다.

서구에서 노랑은 평판이 좋지 않은 언론의 색이기도 하며, 경멸스러운 사람을 가리켜 '망나니yellow-dog'라고 표현하기도 한다. 독일과 프랑스에서는 사람들이 '질투심에 못 이겨 노래지며yellow with envy', 흠씬 두들겨 맞아 생기는 멍을 독일어로는 '시커멓고 새파란black and blue' 멍자국이 아니라 '푸르딩딩하고 누리끼리green and yellow'하다고 말한다.

프랑스에서는 마누라가 딴 사내와 눈이 맞아 도망가면 그 남편을 가리켜 'jaune cocu', 즉 '노랗게 속았다yellow deceived'고 말한다. 힌디어로 여성이 결혼하면 '손이 노래진다get her hands yellow'라고 말한다. 그래서인지 결혼을 앞둔 신랑 신부의 건강하고 윤택한 삶을 기원하는 의미로 예비부부와 그들에게 주는 선물은 강황으로 노랗게 물들인다. 같은 맥락에서 많은 인도인들이 질병과 불행을 막아달라는 의미로 노란 부적을 지니고 다닌다.

겁쟁이의 색

중세 시대에 들어와 노랑은 몇 세기 동안 쇠락의 길을 걸었다. 달갑지 않고 부정적인 느낌을 주는 지저분한 흰색으로 인식되었기 때문이다. 이 시기의 유럽 회화는 유다에게 노란색을 입혀 그의 저주받은 이중성을 강화하는 방법으로 이 색에 대한 경멸감을 드러냈다. 연극과 회화에서 노랑은 위선과 기만, 죄악의 색으로 이단자, 암살범, 위조범 등을 묘사하는 데 사용되었다. 특히 10세기의 프랑스에서는 반역자와 범죄자의 집 문을 노랗게 칠해 불명예의 낙인을 찍는가 하면 죽은 자를 연기하는 배우들은 종종 노란색 옷차림으로 등장했다. 스페인에서 노랑은 사형 집행인들이 입는 옷 색깔이었다. 이는 사람이 죽어 중력 때문에 피부에서 피가 빠져나가면 시체가 누르스름하게 변하기 때문이다. 페르시아어에서 '노란 얼굴'은 나약함과 두려움을 나타내며, 초기 이슬람 회화에서 노랑은 역겨운 사람들을 묘사하는 데 사용하던 색이다.

조토가 그린 〈유다의 입맞춤〉. 유다가 달갑지 않은 노란색 옷을 입고 있다.

노랑이 지니는 이런 부정적인 이미지가 왜 생겨났는지는 명확하지 않지만 겁쟁이와의 연관성은 사람의 네 가지 체액 중 하나인 노란 담즙이 짜증을 잘 내게 만든다고 믿었던 초창기 의학에서 온 듯하다. 황달에 걸린 사람들은 약간 노래지면서 욕지기를 자주 느끼는데, 이는 용기와는 거리가 먼 증상이었다. 겁쟁이를 가리킬 때 사용하는 '닭 chicken'이라는 말은 아마도 털이 뽑힌 그 새의 노르스름한 피부와 조금만 위험한 기미가 보여도 잔뜩 겁에 질려 꽁지가 빠져라 달아나는 경향이 있다는 사실에서 유래하지 않았나 싶다. 몇몇 사람들은 그 말이 노란 병아리에서 기원했다고 생각하지만 흰색 암탉만 노란 병아리를 낳으며, 이 말이 사용되기 시작한 1500년대에 이 품종은 아예 존재하지도 않았다.

18세기 영어 비속어로 출발한 '겁쟁이yellow belly'라는 표현 또한 담즙과 욕지기와 관련 있다. 1842년 미국의 한 신문은 멕시코 군인들을 '겁이 많다yellow-bellied'고 비아냥댔지만 1차 세계대전 이후에는 미국인들이 흔히 사용하는 모욕적인 표현으로 자리 잡았다.

노란 별

오래전부터 노랑은 반유대주의와 외국인 혐오증을 가장 극단적인 형태로 드러내는 색이었다. 유대인과 기독교인들은 이슬람의 지배 아래서도 비교적 평화롭게 살아갔지만 18세기 초에 들어와 메디나의 칼리프는 유대인과 기독교인들에게 바그다드의 이슬람 지도자들처럼 노란 표지를 착용하라고 명령했다. 이는 이슬람이 지배하던 16세기 인도의 힌두교도들에 이어 지난 세기 말에는 탈레반 치하에 들어간 아프가니스탄의 힌두교도들에게까지 확대되었다. 그런데 왜 하필 노란색일까? 노랑이 비非신자들이 입는 색으로 간주되었기 때문이다.

프랑스에서도 루이 9세가 유대인들에게 끝이 뾰족한 노란 모자를 시작으로 나중에는 둥근 헝겊 조각을 착용하라고 명령했다. (이 장 맨 처음에 나오는 카를 구스타프 헬크비스트의 그림 오른쪽에 있는 유대 상인은 'Juden-hut' 즉 유대인들을 쉽게 구분하기 위해 특별히 제작한 노란 모자를 쓰고 있다.) 이러한 관행은 해협을 건너갔고 스코틀랜드, 웨일스와 싸우던 용맹무

나치 치하에서 유대인 수감자들이 착용했던 노란 '다윗의 별'.

쌍한 잉글랜드 왕 에드워드 1세 또한 잠시 짬을 내 이를 채택하고는 1274년 7세 이상의 유대인들은 노란색 헝겊 조각을 달고 다녀야 한다는 법령을 공포했다. 그리고 나서 16년 뒤 유대인들은 잉글랜드에서 쫓겨났다.

역대 교황들도 이러한 관행을 채택했다. 예를 들어 1555년 교황 바오로 4세는 유대인은 모두 노란 모자를 착용해야 한다는 교칙을 발표했다. 1939년 폴란드를 침공한 나치는 유대인들을 강제 수용소로 보내기 위한 서곡으로 그들에게 '유대인Jew'이라는 글씨를 박아 넣은 노란 '다윗의 별'을 의무적으로 달도록 했다.

노란 잠수함

르네상스 시대에 노랑은 새롭게 거듭나 부정적인 의미를 걷어내고 긍정적인 의미를 띠기 시작했다. 미국, 캐나다, 유럽 국가들에서의 설문조사 결과 겁쟁이와의 연관성에도 불구하고 서구인들은 비록 6퍼센트 안팎의 적은 비율이긴 하지만 노랑을 가장 좋아하는 색으로 꼽으면서 이를 자발성과 친절, 재미와 연관 지었다.

비틀스의 〈옐로 서브머린Yellow Submarine〉부터 흡연용 바나나 껍질(대마초의 완곡한 표현)과 연관이 있을 수도 없을 수도 있는 도노반의 〈멜로우 옐로Mellow Yellow〉에 이르기까지 노랑은 1960년대의 반문화와 행복한 관계를 발전시켰다. 비록 놀랍도록 눈치 없고 무뚝뚝한 도노반은 잡지 〈엔엠이NME〉와의 인터뷰에서 "이 곡은 근사하고 나른한 기분에 대한 것"이라고 말했지만.

그러나 'mellow yellow'라는 어구는 그 기원이 좀 더 인상적이다. 제임스 조이스의 훌륭한 작품 《율리시스Ulysses》에 나오는 몰리 블룸의 엉덩이를 가리킨다는 점에서 그렇다. 조이스의 허점투성이 주인공 레오폴드 블룸은 세상을 향해 이렇게 말한다. "포동포동 향기롭고 노랗고 smellow한 멜론 같은 마누라 엉덩이나 들이파야지I do indeed explore the plump mellow yellow smellow melons of her rump"[원문 그대로 인용]. 하지만 도노반의 노래에서 'smellow'는 빠져 있다.

노란 리본을 묶어주세요

미국 여성 참정권 운동가들은 1867년 캔자스에서 처음으로 노랑을 항의의 상징으로 착용했다. 노랑은 캔자스주의 꽃 야생 해바라기의 색이었다. 그때부터 노랑은 여성 참정권 운동 단체의 공식 색으로 자리 잡아 집회와 각종 회의, 행진에 사용되었다. 여성 참정권 운동가들은 이 밖에도 노란 장식띠와 노란 장미를 사용했으며, 1876년 미국 독립 100주년 기념행사 때는 새로 작곡한 〈노란 리본A Yellow Ribbon〉이라는 노래를 불렀다.

20세기 초 여성 참정권 운동의 대의를 나타내는 데 사용된 노란 리본의 예. 노랑은 이 운동의 색이며, 그들의 대의를 펼치기 위한 여성들의 상징, 포스터, 배지 등에서 찾아볼 수 있다.

아, 우리 여성의 가슴 위에 노란 리본을 다느나,
그 찬란한 황금색, 왕의 문장보다 자랑스럽구나.
본디 순수와 빛으로 태어난 하느님의 주된 색이었나니,
이제 우리 해방을 위해, 공정과 정의를 위해 노란 리본을 다느나.

노란 리본과 관련된 가장 오래된 언급은 〈노란 리본을 단 여자She Wore a Yellow Ribbon〉라는 또 다른 노래, 그러니까 사랑하는 사람이 돌아오길 기다리는 여자들과 관련된 이야기에 17세기 영국 이주민들이 살을 붙여 미국으로 가져온 노래에서 나온다. 이 노래는 1917년 〈목에 노란 리본을 단 여자Round Her Neck She Wears a Yeller Ribbon(For Her Lover Who is Fur, Fur Away)〉라는 제목으로 녹음된 뒤 미국 기병대의 공식 노래로 자리 잡기도 했다.

그 뒤 약간 손질을 거쳐 1949년 존 웨인의 영화 〈노란 리본을 단 여자She Wore a Yellow Ribbon〉에 사용되었고, 1970년대 들어 축구 클럽 아스널에서 이를 다시 손질해 채택한 이후로 아스널 홈구장 에미레이트 스타디움 북쪽 관중석에는 "노란 리본을 단 여자She Wore a Yellow Ribbon"라고 쓴 현수막이 지금도 걸려 있다.

노란 리본은 오래전부터 전쟁에 나갔다 집으로 돌아오는 병사들을 환영하는 의미로 사용되어왔다. 1차 세계대전 당시 캐나다 군인들의 아내, 애인, 어머니들은 이 노란 리본을 자신들이 사랑하는 사람에 대한 헌신의 표시로 사용했다. 이러한 전통은 '형기를 마치고' 버스에 몸을 실은 채 집으로 돌아오며 사랑하는 여자가 아직도 자신을 원하는지 아니면 '나를 탓할지' 알고 싶어하는 한 남자에 대한 이야기를 노래로 불러 크게 히트한 토니 올랜도 앤 돈의 1973년 곡 〈옛날 그 참나무에 노란 리본을 묶어주오Tie a Yellow Ribbon Round the Ole Oak Tree〉를 통해 새로운 생명을 얻었다. 그 남자는 풀려난 범죄자와 처지가 매우 비슷한 듯하지만, 작사가 러셀 브라운은 남북전쟁 당시 조지아에서 남부군 포로가 된 뒤 자신의 여자에게 집으로 가고 있다는 편지를 보낸 한 남자의 사연에서 영감을 얻었다고 말했다. 어쨌든 그가 고향으로 돌아가 보니 '옛날 그 참나무 주변에 노란 리본 100개'가 달려 있었다.

그 뒤로 이 노래와 후렴구는 계속해서 그 범위를 넓혀나갔다. 1983년 필리핀의 망명 정치인 베니그노 아키노 2세의 지지자들이 나무 주위에 노란 리본을 묶고 바로 이 노래를 불러 그들의 지도자를 환영했다. 그러나 그는 암살당하고 말았다. 이 사건은 이른바 '국민의 힘 혁명'을 촉발했고, 그의 아내 코라손 아키노에 이어 2010년에는 그의 아들 베니그노 3세까지 선거운동의 색으로 노랑을 사용해 대통령에 당선되었다.

1986년에는 남아프리카공화국의 아파르트헤이트에 반대하는 백인 징집병과 그 가족들로 구성된 징집종식운동End Conscription Campaign이 '노란 리본을 묶는' 운동을 벌이기도 했다. 운동에 참여한 사람들은 대도시 곳곳의 가로등과 가로수에 노란 리본 수백 개를 묶어 집으로 돌아오는 전통을 뒤집어놓았다. 이들은 군대 해산과 징병제 종식에 집중할 것을 촉구했다. 당시 운동 포스터 가운데 하나는 그 대상을 학교로까지 확장해 다음과 같은 내용을 담고 있었다. "학생 출신 병사들이여, 내전에 반대한다면 노란 리본을 묶자."

2014년 홍콩의 민주주의 시위 기간에도 올랜도 앤 돈의 노래가 주기적으로 연주되었다. 그런 가운데 길거리 난간마다 노란 리본이 묶였고

한 미국 여성이 집 근처 거리를 따라 일렬로 늘어선 울타리에 노란 리본을 묶고 미국 국기를 매달아 해외에 파병된 남편을 응원하는 마음을 보여주기로 결심했다. 남편은 사망했지만 그 여성은 남편의 동료 부대원들이 미국으로 다시 무사히 돌아올 때까지 그 일을 계속했다.

미국 택시는 왜 노란색일까?

존 허츠는 시카고대학교에 눈에 가장 잘 띄는 색이 무엇인지 묻는 설문조사 작업을 의뢰했다. 단연 노란색이었다. 그는 1914년 시카고에서 노란택시회사Yellow Cab Company를 차리고 회사 소속 택시를 모두 노란색으로 칠했다. 그러나 그가 처음은 아니었다. 1909년 맨해튼에서 주황색을 띤 노란 택시가 등장했고 볼티모어에서도 노란택시회사가 설립되었다. 곧이어 노란 택시는 캐나다, 오스트레일리아, 인도, 루마니아, 우루과이, 필리핀을 비롯해 다른 도시와 나라로 퍼져나갔다.

소셜미디어에서는 이것이 저항의 상징으로 여겨졌다. 경찰이 최루가스와 후추 스프레이를 마구 뿌려대자 사람들은 경찰 폭력에 반대하는 의미에서 노란 리본을 사용했다. 2015년 중국에서 '둥팡즈싱Dong Fang Zhi Xing'이라는 여객선이 가라앉는 사고로 442명이 사망했는데 노란 리본을 사용해 이들을 기린다는 생각도 아마 여기서 빌려온 듯하다.

덴마크, 스웨덴, 독일에서도 노란 리본은 해외 주둔 군대에 대한 응원의 상징으로 확고하게 자리 잡았으며, 한때 에스토니아에서는 레바논에 억류된 인질 7명을 응원할 목적으로 노란 리본을 프로필 사진에 추가하려는 사람들을 위한 페이스북 앱도 있었다. 또 인도네시아에서 노란 리본은 1998년 폭동 때 희생당한 인도네시아계 중국인들을 추모하는 데 사용되었다. 이 밖에 이탈리아, 쿠웨이트, 이스라엘, 대한민국, 기타 국가들에서도 노란 리본은 귀향의 상징 또는 기억의 표시로 등장했다. 미국에서 노란 리본은 해외에 주둔 중인 군인들을 응원하고 조국을 위해 목숨을 바친 병사들을 기리는 데 사용된다.

노란 리본은 크고 작은 운동에 모습을 드러내왔다. 오스트레일리아에서 노란 리본은 멜버른에서 열린 '앨버트 공원 구하기' 집회에 등장해 곧 베어 쓰러질 나무들에 묶이는가 하면 2009년 빅토리아를 휩쓴 산불로 피해를 입은 자원 소방관과 기타 희생자들을 응원하는 좀 더 의미 깊은 호소에 이르기까지 다양하게 활용되어왔다. 영국에서는 핸웰, 웨스트런던, 에클스, 맨체스터 주민들이 아동들이 실종되는 사건이 있은 후 그 인근을 노란 리본으로 장식했다.

홍콩에서 노란 리본은 저항운동의 아주 흔한 상징으로 자리 잡았다.

황제들

중국인들이 세상을 바라보는 시각도 그렇고 세상 사람들이 중국을 바라보는 시각도 그렇다는 점에서 중국에서 노랑은 그야말로 진가를 발휘한다. 철학, 의학, 풍수 등에 사용되는 5색 체계에서 노랑은 가장 아름답고 권위 있는 색으로 목록의 맨 위를 차지하며 흔히 금과 부, 음과 양의 조화, 만물의 중심을 이루는 에너지의 안정된 상태와 연관된다. 노랑은 영광, 영웅적 자질, 행복, 조화, 행운을 나타내는 색이자 용과 대추 등의 색이기도 하다. 노랑은 또 세상 근심으로부터의 해방을 상징하며, 이 때문에 중국 불교에서는 이 색을 숭상하며 승려들의 법복으로 채택하고 있다. 중국에서 노랑은 또 애도의 색이자 절에서 가장 쉽게 볼 수 있는 색이기도 하다.

중국의 역사는 노랑으로 물들어 있다. 노랑의 명성은 몇천 년 전으로 거슬러 올라가 전설의 오제 중 첫 번째, 공손헌원(BC 2699~2588)으로

신화와 역사에 모두 등장하는 인물인 황제의 모습.

중화민족의 시조인 황제를 기리는 행사. 참가자들이 노란 의상을 입는 것이 이 행사의 특징이다.

도 알려져 있는 '황제黃帝'의 전설에서 시작되지 않았을까 싶다. 황신북두Yellow God of the Northern Dipper로도 불리는 그는 중앙집권국가의 기틀을 만들었으며 중국 문명을 창시했다고 전해진다. 화하華夏, Huaxia(중국과 한족에 대한 옛 명칭)의 시조이기도 한 그는 문자, 바퀴 달린 수레, 활과 화살 등 세상의 거의 모든 가치 있는 것들을 발명했다고 한다. 그가 노랑과의 연관성을 얻은 것은 사람들이 이 색을 만물에 생명을 주는 전능한 태양을 상징한다고 여겼기 때문이다. 이후 나머지 황제의 색으로 자리 잡아 왕궁과 왕의 의복을 장식하기 시작했다. 실제로 오로지 황제만 밝은 노란색을 입을 수 있으며 그 외 색조가 다른 노란색도 그의 아들들만 입을 수 있다고 못 박은 법령은 당나라에서 20세기 청나라에 이르기까지 1,400년의 세월 동안 유지됐다.

황색 위험

미국과 유럽에서는 '노랑'이라는 말이 주로 동양인을 가리키는 인종차별적 용어로 사용되어왔다. 예를 들어 브루스 스프링스틴의 음울한 반전 가요 〈본 인 더 유에스에이Born in the USA〉에는 떠돌이 노동자가 "가서 노랑이yellow man를 죽이라"는 부름을 받는다는 내용이 있는데, 이는 미국의 실패한 베트남전을 상징한다. 검정이 상대적으로 피부가 까만 사람을 가리키고, 빨강이 아메리카 원주민을 가리키는 데 사용되는 것과 마찬가지로 이 노랑 또한 우회적인 표현이다.

서구인의 뇌리에 각인된 동양과 노랑의 연관성은 고대 중국의 중심색에서 비롯했을 가능성이 높다. 하지만 동양에 대한 두려움을 나타내는 '황색 위험Yellow Peril' 또는 '황색 공포Yellow Terror'라는 용어와 관련된 세계관은 13세기 초 칭기즈칸이 이끌었던 몽골의 유럽 침공으로 거슬러 올라간다. 이 사건은 기독교 세계를 기습한 동양인에 대한 두려움을 불러일으켰고, 아시아의 민족들을 한 집단으로 묶으려는 경향 또한 여기서 생겨났다.

몽골 천진벌덕의 칭기즈칸 기념물은 서구인들의 두려움과 동양 역사에서 우뚝 솟은 그의 존재감을 반영한다.

당시 중국인들에게 느낀 위협이 고스란히
드러난 포스터. 설명에는 '득의양양 날뛰
는 황색 공포'라고 적혀 있는데, '황색 공
포'라는 어구가 처음으로 사용된 사례 가
운데 하나이다.

　　19세기 유럽의 식민주의와 중국인들의 미국 이주는 경제적 이해관
계에 크게 좌우되는 인종주의에 새로운 활력을 불어넣었다. '황색 공
포'가 처음 등장한 것은 1870년 중국 노동자들이 캘리포니아로 이주한
직후이다. 당시 백인 노동자들은 당국에 '더러운 황인종 무리'가 들어
오는 것을 막아달라고 청원했다. 뒤이어 중국인 200여 명이 린치에 희
생당했다. 이 시기의 선전용 만화 포스터에 보면 바닥에 쓰러진 백인
여성 위에 올라서서 머리를 뒤로 질끈 동여매고 입에는 칼을 문 채 권
총과 횃불을 휘두르는 중국인이 등장한다. 그리고 그 밑에는 이런 문
구가 적혀 있다. "득의양양 날뛰는 황색 공포." 이후 이 표현은 일상어
로 자리 잡았다. 예를 들어 1894년 〈위스콘신 데일리 가제트Wisconsin
Daily Gazette〉는 한 중국 장군의 약력을 소개하면서 '동양 전쟁의 황색

공포The Yellow Terror of Oriental Wars'라는 제목을 썼다.

이와 비슷한 '황색 위험'이라는 표현은 헝가리의 이슈트반 튀르István Türr 장군이 일본인들에 대해 쓰면서 "황색 위험은 그 어느 때보다 위협적이다"라고 지적한 1895년으로 거슬러 올라간다. 그로부터 몇달 뒤 독일 황제 빌헬름 2세는 러시아 황제 니콜라이 2세에게 황색 위험의 불안한 그림자와 '대단한 황인종Great Yellow Race', 즉 중국인과 일본인이 제기하는 위험을 경고하는 편지를 보냈다.

러시아인들은 20세기 전환기에 발생한 의화단 사건 때부터 이 용어를 사용했다. 봉기는 국제 동맹군에게 무자비하게 진압되었다. 러시아 언론은 '황색 위험'이라는 표현을 사용해 중국의 이 저항운동을 '신성한 백색 러시아'와 '이교도 황색 중국'의 충돌로 묘사했다. 1900년 영국의 〈데일리 뉴스Daily News〉는 의화단 사건을 '가장 심각한 형태의 황색 위험'으로 묘사했으며, 1904년 러일전쟁이 발발하자 프랑스 언론은 이를 가리켜 '야만인' 일본인들이 제기하는 '황색 위험'이라고 보도했다.

미국에서는 20세기 초반 들어 '황색 위험'이 최고조에 이르면서 중국과 일본 이민자들에 반대하는 다양한 법령이 나타났다. 이후 그런 분위기는 잠시 수그러드는 듯했지만 1941년 진주만 폭격 이후 다시 등장해 일본계 미국인들을 억류하는 임시 수용소와 〈그 노랭이들이 코헨과 켈리를 만났을 때When Those Little Yellow Bellies Meet the Cohens and the Kellys〉, 〈우리는 노랭이를 찾아 적, 백, 청이 될 때까지 흠씬 두들겨 패줄 거야We're Going to Find a Fellow Who is Yellow and Beat Him Red, White and Blue〉, 〈더럽고 미개한 쪽바리를 날려버리자We're Gonna Have to Slap the Dirty Little Jap〉 같은 노래를 양산했다. 그 후로 마오의 중국을 향한 두려움에 황색 위험은 또다시 부활했다.

'전함을 앞세운 아시아의 위협으로부터 스스로를 지키길 희망하는 서구 세계'라는 제목이 적힌 1908년도 잡지 〈클로드한스Klods-Hans〉의 표지. 이런 이미지는 아시아 국가들에 대한 불신과 두려움을 강화시켰다. 당시 서구인들은 아시아 국가들을 한데 뭉뚱그려 '황색' 인종이라고 불렀다.

'개처럼 충실한 민주당원Yellow-Dog Democrat'이란?
이 용어는 19세기 후반 공화당에 투표하느니 차라리 똥개한테 투표하는 쪽을 선택할 미국 남부 지역 주민들을 지칭하기 위해 생겨났다.

D. 9DE FEBRUAR 1908 ❖ 9DE AARG. N? 19

Klods Hans

FORRETNINGSF.: CHR. LAURITZEN   REDAKTØR: CHR. FLOR

Den gule Fare

노랑 한 입

오늘날 머리와 의류 염색제는 모두 합성이며, 그래서 금발로 변신하기가 그 어느 때보다 쉬워졌다. 오래전부터 옷을 노랗게 염색하는 데 드는 시간과 비용이 빨강이나 파랑 또는 검정으로 염색할 때보다 적었다. 합성염료가 발명되기 전 가장 깊고 밝으면서 값비싼 노랑은 엄선된 사프란에서 나왔다. 그 밖에 황토, 울금과 바라밀즙 등 그래도 노랑으로 쳐줄 수 있는 좀 더 값싼 대용품도 몇 가지 있었다.

동물 입장에서는 괴롭게도 망고잎만 먹인 황소나 물소의 오줌 결정체로 염색한 인도황Indian yellow도 한 가지 대안이었는데 이 물감은 고약한 냄새가 났지만 1910년까지 널리 사용되었다. 유명한 화가 J. M. W. 터너는 이 물감을 사용하면서 인도황에 반하게 됐다고 한다.

납크로뮴산화물로 만드는 석황chrome yellow을 비롯해 대용품으로 쓰이던 몇몇 노란 안료는 독성이 아주 강했다. 이 안료는 산과 섞이면 눈부신 노란색으로, 알칼리와 섞이면 주황색으로 변하는 특징이 있었고, 독성이 강한 납이 다량으로 함유되어 있었다. 네덜란드 화가 빈센트 반 고흐는 석황을 특히 좋아해 그의 유명한 해바라기와 노란 금잔화, 별과 가로등을 그리면서 석황을 사용했다. 짧은 생애의 마지막을 향해 가던 시절 그의 정신병적 증상 중에는 튜브에서 노란 물감을 짜서 바로 입으로 가져갔다는 증거도 있다. 만약 그게 사실이라면 이런 행동은 납 중독을 초래했을 테고, 그 결과 여러 가지 심리적 문제와 더불어 공격적인 행동, 망상, 기억 상실, 불면증, 심신 미약 등을 촉발했을 수도 있다. 다시 말해 결국 자살로 이어진 정신적 상태를 가속화했을 수도 있다는 이야기이다. 반 고흐의 노랑을 향한 사랑이 결국 그를 죽였다고 하면 너무 심한 표현일까?

노랑을 향한 반 고흐의 사랑은 여기 소개한 〈선한 사마리아인The Good Samaritan〉을 비롯해 그의 작품 대부분에서 두드러진다.

노래지기

'노란' 편견과 관련된 또 다른 표현은 할리우드의 '동양인'에 대한 묘사에서 나왔는데, 여기서 '노래지기yellowing up'라는 어구가 탄생했다. 중국인이나 일본인을 연기하는 백인 배우들을 가리킬 때 흔히 사용하던 이 말은 '까매지기blacking up'에서 나왔다. 이와 관련해 가장 고착화된 이미지는 1929년 아서 휴스를 필두로 보리스 칼로프와 크리스토퍼 리 등을 거쳐 마지막으로 1980년 피터 셀러스가 열연한 중국의 사악한 천재 범죄자 닥터 푸 만추의 다양한 모습을 통해 나왔다. 그 뒤에 제작된 1987년 영화 〈SS의 늑대인간 여인들Werewolf Women of the SS〉에서 보여준 니컬러스 케이지의 코믹 연기도 여기에 한몫 가세했다. 푸 만추를 연기한 12명의 배우는 모두 백인이다. 하지만 가장 말이 안 되는 '노란 얼굴'의 예는 1961년 영화 〈티파니에서 아침을Breakfast at Tiffany's〉에서 볼 수 있다. 이 영화를 감독한 블레이크 에드워즈가 두껍게 화장한 미키 루니에게 홀리 골라이틀리의 우스꽝스럽고 근시에 뻐드렁니 일본인 이웃 유니오시를 과장되게 연기하라고 지시했던 것이다.

푸 만추를 연기하는 영국 배우 크리스토퍼 리.

'옐로 키드'의 초창기 모습.

황색 언론

1890년대의 언론은 퓰리처의 〈뉴욕 월드New York World〉와 허스트의 〈뉴욕 저널New York Journal〉이 벌이는 싸움 때문에 노랗게 여겨졌다. 퓰리처가 노란색 잉크로 인쇄한 〈옐로 키드The Yellow Kid〉라는 만화를 게재하자 허스트는 그 만화가를 중간에서 가로챘다. 이에 격분한 퓰리처는 또 다른 만화가를 기용해 같은 만화를 계속 선보였다. 이 싸움을 지켜보던 〈뉴욕 프레스New York Press〉 편집장 어윈 워드먼은 '옐로 키드 저널리즘 무리school of yellow-kid journalism'라는 신조어를 만들어냈다. 세월이 지나 이 명칭은 '황색 언론yellow journalism'으로 굳어져 절반의 진실과 선정성 강한 제목, 그러니까 제대로 취재한 뉴스가 없는 허스트와 퓰리처의 신문을 지칭하게 되었다.

노란 책은 왜 위험했을까?

19세기의 두 번째 50년 동안 반체제 성향이 강하고 외설스러우면서 퇴폐적으로 인식되었던 프랑스 소설은 책을 상품화해 널리 알리는 방편의 일환으로 종종 노란색 표지를 씌워 제본했다. 오스카 와일드의 《도리언 그레이의 초상The Picture of Dorian Gray》을 보면 작품명과 이름이 같은 도리언이 노란 책을 읽다가 처음으로 타락한다. 두 명의 영국 출판업자가 여기서 영감을 얻어 삽화를 수록한 〈옐로 북The Yellow Book〉이라는 문예 계간지를 발간하기 시작했다. 참고로 이 잡지의 기사와 이야기 대부분은 빅토리아 시대의 관점에 비추어 '탐미주의'와 '퇴폐주의'로 분류되었다. 1895년 와일드가 남색죄로 체포되자 지역 신문은 그가 '노란 책'을 소지하고 다녔다고 보도했고, 이에 성난 군중은 돌을 던져대며 이 잡지 사무실을 공격했지만 사실 그는 잡지 〈옐로 북〉이 아니라 노란 표지를 씌운 피에르 루이스Pierre Louis의 프랑스 소설 《아프로디테Aphrodite》를 소지하고 있었다.

초록 GREEN

초록은 일반적으로 모든 색을 통틀어 가장 온화한 색으로 꼽힌다. 초록이라는 말 자체는 앵글로색슨어 'growan'에서 유래하는데, 이는 '자라다'라는 뜻으로 파릇파릇한 풀과 약초, 덤불과 나무를 연상시킨다. 오늘날 초록은 고요함과 평화로움의 색이자 교통신호등의 '가도 안전하다'는 색으로, 주로 환경 운동과 그와 관련된 정당의 색으로 선택되어왔다. 초록은 또한 성 삼위일체를 나타내는 데 사용되는 성 패트릭의 초록 토끼풀 이야기에 나오는 게일족의 나라 아일랜드의 색이기도 하다. 식민지 이전의 중앙아메리카와 남아메리카에서 초록은 비옥함을 상징했다. 아즈텍인들에게 케찰이라는 새의 풍성한 무지갯빛 초록 깃털은 풍요로움의 표식이었다. 초록을 뜻하는 이집트 상형문자는 파피루스의 잎자루였으며, 그 의미는 '성장'으로, 더 나아가 초록이 어김없이 돌려주는 '생명'으로 확장된다.

산업혁명이 시작된 이후 지난 2세기 동안 현재의 회색과 과거의 파릇파릇한 전원 풍경을 비교하기에 여념 없었던 문화권에서는 너 나 할 것 없이 초록을 소박한 시절에 대한 일종의 향수에 비유해왔다.

이는 초록의 자연을 낭만화하는 시를 썼던 윌리엄 워즈워스William Wordsworth에서 1939년 시골 계곡을 잠식해 들어오는 웨일스의 탄전을 배경으로 삼은 소설 《나의 계곡은 푸르렀다 How Green Was My Valley》 (1941년 영화로 제작되기도 했다)를 쓴 리처드 르웰린Richard Llewellyn에 이르기까지 예술에도 고스란히 반영되어 있다. (톰 존스가 리바이벌해 히트하기도 했던) 포터 와고너Porter Wagoner의 1965년 노래 〈고향의 푸른 잔디Green, Green Grass of Home〉는 이제 곧 묻히게 될 고향의 푸르른 들판과 나무가 나오는 꿈을 꾼 뒤 사형수 감방에서 잠을 깨는 한 남자의 이야기를 전한다.

색깔들이 모두 그렇듯이 초록 하면 떠오르는 것 역시 늘 같은 방향으로만 가는 것은 아니다. 자연의 풀밭이 주는 싱그럽고 상쾌한 느낌은 미숙함이기도 하다. '애송이green behind the ears'나 '풋내기green'라는 표현이 그렇다. 또한 문학에서 초록의 연상작용은 막 돋아나는 싹과 나무가 우거진 계곡에만 국한되지 않는다. 예를 들어 시체의 살점이 부패하면 색이 푸르스름해진다. 괴저가 진행되면 살이 푸르스름하게 변할 수 있지만 '괴저'라는 말은 초록과 아무 상관이 없다. 사실 이 말은 '게걸스레 먹어치우다to devour'를 뜻하는 그리스어에서 왔다. 19세기 중반에 나온 '파랗게 질리다green around the gills'라는 표현은 얼굴에 핏기 없이 곧 토할 것 같은 사람들의 핼쑥하고 파리한 피부에서 유래했다.

성 패트릭과 초록

7세기에 성인으로 추서된 5세기의 사제 성 패트릭은 노예 신분으로 (잉글랜드에서) 아일랜드에 도착해 6년 뒤 도망쳤다. 그는 잉글랜드로 돌아가 사제가 된 뒤 다시 아일랜드로 파견되었고, 이번에는 사제 신분으로 그 방면에서 크게 성공을 거두었다.

그의 성공 비결 중 하나는 세 잎짜리 토끼풀을 사용해 지역 주민들에게 성 삼위일체, 곧 성부와 성자와 성령을 가르쳤다는 점이다. 이 토끼풀로 초록은 아일랜드 국민의 색으로 자리 잡았다. 특히 프로테스탄트가 주황을 자신들의 색으로 채택한 뒤에는 그런 분위기가 더욱 굳어졌다. 곧이어 초록은 아일랜드의 정체성과 동의어가 되었다. 예를 들어 아일랜드 독립을 지지하는 운동가들은 초록 바탕에 황금빛 하프가 그려진 깃발을 휘날렸다.

성 패트릭이 삼위일체를 상징하는 토끼풀을 들고 있다.

초록 눈의 괴물

초록 하면 떠오르는 부정적인 이미지 중 가장 흔한 이미지는 짙푸른 나뭇잎이나 병든 피부와는 아무 상관이 없다. 윌리엄 셰익스피어 덕분에 초록은 적어도 영어권 세계에서는 400년 넘게 시기와 질투의 색으로 자리 잡아왔다(이에 비해 프랑스어권에서는 시기와 질투의 색으로 노랑을, 중국어권에서는 빨강을, 일본어권에서는 보라를, 핀란드어권에서는 검정을 선호한다). 이러한 경향은 1603년에 나온《오셀로Othello》와 더불어 시작된다. 거기서 악한 이아고는 오셀로가 자기 아내 데스데모나를 질투하도록 음모를 꾸미고 그에게 이렇게 경고한다.

> 오, 나의 군주시여, 질투를 조심하소서!
> 자신이 먹고 사는 고기를 조롱하는
> 초록 눈의 괴물일지니

2년 뒤 셰익스피어는 그 어구를 다시 사용하는데, 이번에는《베니스의 상인The Merchant of Venice》의 여주인공 포샤의 입을 통해서였다.

> 온갖 의심스러운 생각이며, 경솔하게 품은 절망이며,
> 벌벌 떨리는 두려움이며, 눈이 시퍼레지는 질투에 이르기까지
> 그 밖의 격정이란 격정이 어쩌면 다 이렇게 공중으로 흩어져버릴까!
> 아, 사랑아, 좀 진정하고 흥분을 가라앉히렴.

셰익스피어는 질투의 감정을 그 사람을 먹어치우는 병에 비유하며 고기를 먹고 살며 두려움을 일으키는 초록 눈의 괴물로 묘사한다.

초록 기사와 종자들

유럽 신화는 초록빛으로 가득한데, 이는 다름 아니라 대부분의 이야기가 자연 세계와 밀접하게 연관되기 때문이다. 그 가운데 요정은 종종

초록을 걸친 모습으로 묘사되는데, 때로 초록 날개를 달고 나타나기도 하지만 보통은 초록 숲을 배경으로 등장한다. 심지어 몇몇은 피부가 온통 초록이라 알코올 성분이 매우 강한 프랑스의 독주 압생트의 별명이 '초록 요정'이 되는 데 일조하기도 했다.

영국 문학에서 가장 유명한 요정들, 곧 윌리엄 셰익스피어의 퍽과 J. M. 배리의 피터팬도 예외 없이 초록이다. 현대의 요정 이야기 중 가장 생명력이 강한 편에 속하는 이야기에서 도로시의 여정은 오즈의 마법사가 초록 옷을 입고 있는 에메랄드시에서 끝나며 사악한 서쪽 마녀 Wicked Witch of the West도 초록이다. 적어도 1939년 영화에서는 그렇다.

신화에는 착한 초록 생물도 있지만 나쁜 초록 생물도 있다. 예를 들어 중세 영어의 걸작으로 꼽히는 《가웨인 경과 초록 기사 *Sir Gawain and the Green Knight*》는, 쓰인 시기는 1300년대 후반이지만 내용은 그보다 더 오래된 유럽의 민담 초록 인간 이야기에 바탕을 두고 있다. 초록 머리와 수염에 초록 옷을 입고 초록 말을 타고 초록과 금색이 섞인 도끼와 성스런 나뭇가지를 들고 다니는 초록의 거인 기사는 여러 대륙의 신화에서 공통으로 등장한다. 자연에 매어 있지만 스스로 초능력을 지

셰익스피어의 《한여름 밤의 꿈》에 나오는 퍽(왼쪽)과 J. M. 배리의 피터팬(오른쪽). 이들의 초록은 자연과의 관계를 보여준다.

닌 초록 인간이 신화 속에서, 조각상과 석조 부조에서 불쑥불쑥 튀어
나오는데, 모두 매년 봄이면 시작되는 재탄생과 성장 주기라는 주제
와 관련되어 있다.

초록 기사 이야기에서 아서 왕의 원탁의 기사 중 제일 막내인 가웨인
경은 신년 잔치에 나타난 초록 기사가 내미는 도전을 받아들인다. 가
웨인은 1년 하고도 하루 뒤 반격의 도끼날을 받는다는 조건 아래 기사
의 훌륭한 도끼를 능가하는 도끼로 그 사기꾼의 목을 내리치는 데 동의
한다. 가웨인이 단 일격에 초록 기사의 목을 내리치자 그 거인 기사는
떨어져 나간 자신의 머리통을 집어들고 가웨인에게 거래를 잊지 말라
고 신신당부한다. 1년 후 가웨인은 약속을 지키러 길을 나서지만 여자
마법사가 만든 초록빛 황금 허리띠를 착용하는 순간 어떤 위해로부터
도 보호받게 되리라는 믿음을 갖게 된다. 아니나 다를까 초록 기사는
그에게 거의 해를 입히지 못하는데, 이는 허리띠 때문이 아니다. 그보
다는 초록 기사가 실은 고귀한 버틸락, 다시 말해 가웨인이 머물고 있
는 성의 성주이기 때문이다. 그는 젊은 기사의 결기를 시험하기 위해
마법을 써서 잠시 변신하고 있었을 뿐이다. 가웨인은 기만과 비겁함의
상징으로 여전히 허리띠를 착용한 채 캐멀롯으로 돌아간다. 그의 동료
기사들은 그를 책망하기는커녕 정직의 의무를 상기시켜주는 상징으
로 (칼을 집어넣는) 초록색 띠를 차고 다니기로 결의한다.

아서 왕의 전설에 필적할 만한 상대는 부자한테 훔쳐서 빈자에게
준다는 주제 덕분에 인기를 누려온 로빈 후드 이야기다. 그는 또 본인
의 옷차림과 황록색을 입고 다니는 부하들로도 유명하다. 이 이야기는
1225년 법정 출두 명령을 어긴 로버트 호드라는 노팅엄서 출신 실제 범
법자의 모험담에서 비롯했을 수도 있고 아닐 수도 있다. 또는 1261년
의 윌리엄 로버호드라는 범법자에게서 나왔을 수도 있다. 그 기원이
무엇이든 재판을 피해 도망친 자들은 '로빈 후드'로 알려지게 되었다.

초록 언어란 무엇일까?

세계 몇몇 지역의 신화에서 새와 짐승의 (그리고 때로 신의) 언어는 '초록 언어
green language'로 알려져 있으며, 그런 언어를 이해하는 신비한 능력을 지닌
사람들은 (비록 그 힘이 용의 피를 맛보는 방법으로 얻어진 것이라 할지라도) 특출한 현
인으로 인정받았다. 코란과 탈무드에서 현자 솔로몬/술레이만은 그의 아버
지 다윗이 그랬듯이 하느님에게 새와 짐승의 언어를 배웠다.

가웨인 경과 초록 기사의 이야기를 형상화
한 최초의 그림. 14세기 작품으로 맨 윗부
분은 그에게 아주 요긴한 물건을 하사하는
아서 왕. 그 옆은 기네비어 왕비와 둥그릴
게 휜 칼을 들고 있는 조정 대신.

1세기 뒤에는 한 사제가 교구 주민들이 설교를 듣는 것보다 '로빈 후드 이야기나 노래'를 듣는 걸 더 좋아해 골치가 아프다고 불평하는 기록까지 있는 것을 보면 이미 그때부터 그 명성이 어느 정도였는지 짐작하고도 남는다. 로빈 후드는 중세 영국 문학, 정확히 말하면 〈농부 피어스 *Piers Plowman*〉라는 1375년 시에 등장하는데, 그의 이야기는 15세기와 16세기를 거치는 동안 발라드로 발전한다. 통치하는 왕은 에드워드에서 사자왕 리처드로 바뀌고 로빈도 소지주에서 귀족으로 신분이 격상된 가운데 메리언 아가씨와 탁발승 터크 같은 새로운 인물이 추가된다. 로빈 후드는 셰익스피어 연극에서도 네 차례나 언급된다. 이 무렵 들어 이야기는 어느 정도 틀을 갖추기 시작하면서 그 인기를 입증한다. 이번에는 잉글랜드 전체가 리처드 왕이 십자군 원정에서 돌아오기만을 기다리는 사이 로빈은 존과 심복들의 비호 아래 가난한 사람들을 위해 싸운다는 내용이다. 이는 로빈 후드의 역사를 묘사하는 스테인드글라스 유리창에서도 확인할 수 있다.

회색기가 있는 황록색Lincoln green에 대한 최초의 언급은 1510년판 로빈 후드 이야기에 나온다. 그 내용을 소개하면 다음과 같다. "황록색 옷을 입은 뒤부터 그들은 회색 옷을 쳐다보지도 않았다."

링컨은 중세 시대 때 옷감 산업으로 유명한 마을이었는데, 그중에서도 특히 대청으로 염색한 양모를 전문으로 취급했다. 회색기가 있는 황록색은 푸른 옷감을 목서초의 노란 염료로 다시 염색해 얻었다. 링컨의 염색업자들은 지중해에서 나는 연지벌레를 갈아 만든 염료로 붉은 옷감을 생산하기도 했다. 이는 로빈 후드의 이복형제 윌 스칼렛의 복장을 설명해줄지도 모른다. 실제로 로빈 후드의 어떤 버전은 그에게도 진홍을 입힌다. 그에 비해 그의 부하들은 여전히 초록 차림이다. 하긴 진홍빛 옷감은 초록에 비해 매우 비쌌을 것이다. 대청과 목서초는 영국에서 자생하기 때문이다.

유럽의 다른 지역에서는 다른 방법을 사용해 초록 천을 만들었다. 예를 들어 독일의 방법은 다음과 같이 설명할 수 있다. "초록색 염료를 만들려면 녹청에 오줌을 넣고 끓인 다음 거기에 명반과 고무풀을 약간 섞어 그것으로 염색하면 된다."

회색기가 있는 황록색 옷을 입은 로빈 후드와 그 부하들.

로빈 후드의 역사를 보여주는 스테인드글라스(98쪽).

He was bepeith twis
Omni bawnseo wom
mer of Kirklee

For the love of a knith
Sir Roder of Don caster

we me inn bent bow in my hande
And a brode arrow He let fle
now where this arrow is lake me

And make
el travel ang
Asiswo

남의 풀이 늘 더 푸르다

질투에 사로잡혀 눈이 시퍼레진 괴물처럼 '남의 풀이 늘 더 푸르다the grass is always greener on the other side'는 더 좋아 보이는 무언가로 변화를 꾀하러 들기만 한다면 삶이 더 나아질 텐데도 남들만 더 잘나가고 있다고 느끼는 사람에게 사용하는 어구다. 예를 들어 〈염소 삼형제Three Billy Goats Gruff〉라는 옛날 이야기에서 강 건너편의 더 푸른 풀밭에 가려고 다리를 건너기로 결정한 염소 세 마리처럼 말이다. 이 염소들은 너무 어리석어서 이미 가지고 있는 것에 만족하기보다 목숨을 내걸고 다리를 건너려고 시도한다. 바로 여기서 남들이 더 운이 좋다거나 다른 삶이 더 나을 거라는 환상에 현혹되는 사람에게 일침을 놓는 "울타리 반대쪽의 풀이 늘 더 푸르다"는 경고성 속담이 나왔다.

그런 개념은 오래전부터 존재해왔던 듯하다. 《옥스퍼드 속담 사전Oxford Dictionary of Proverbs》은 문제의 속담이 로테르담의 에라스무스가 인용한 뒤 1545년 영어로 번역된 라틴 속담에서 유래했을지도 모른다고 암시한다. 당시의 영어 번역문을 원문 그대로 인용하면 다음과 같다. "The corne in another mans ground semeth euer more fertyll and plentiful then doth oure owne." 이를 현대 영어로 번역하면 이런 뜻이 된다. "다른 사람 밭의 옥수수가 자기 밭의 옥수수보다 늘 더 기름지고 많아 보인다."

이 속담의 몇 가지 변형을 소개하면 다음과 같다. (1887년 문헌에 처음 등장한) "저 멀리 언덕이 더 푸르러 보인다." (1924년 미국 노래에 나오는) "남의 땅의 풀이 늘 더 푸르다." (1936년 문헌에 처음 등장한) "멀리 있는 풀밭이 늘 더 푸르러 보인다." (1959년 문헌에 처음 등장한) "울타리 반대편 풀이 더 푸르다." 이와 비슷한 속담도 있다. "담벼락 반대편 사과가 제일 달콤하다."

다른 나라에도 이런 종류의 속담이 있다. 다른 사람의 삶과 소유물을 탐내는 것은 인지상정이기 때문이다. 일본에서는 속담이 동일하고, 인도네시아에서는 "이웃의 풀이 늘 더 푸르러 보인다"는 표현을 사용한다. 로마 시인 오비디우스는 《사랑의 기술Art of Love》이라는 책에서 이렇게 썼다. "다른 사람 밭의 수확이 늘 더 풍성하다."

이는 대중문화의 상투어로 확실히 자리 잡았다. 뉴 크리스티 민스트럴스가 불러 크게 히트한 1963년 노래 〈그린, 그린Green, Green〉이 그 한 예다. 여기서 합창단은 '풀이 여전히 더 푸른 곳으로to where the grass is greener still' 떠나는 것에 대해 이야기한다.

종교적 초록

신을 믿는 사람들에게 선택하라면 파랑보다 초록 편을 든다. 초록은 재탄생과 결부되기 되기 때문이다. 현생 인류는 적어도 6만 년 전부터 종교의식의 흔적을 보이기 시작했지만 우리가 아는 최초의 초록 신은 조금 늦게, 그러니까 약 4만 5천 년 전에 등장했다. 이집트 땅의 신 겝 Geb의 장남이라는 설도 있는 초록 피부의 사후 세계의 신 오시리스가 바로 그 주인공이다.

티베트 불교 전통에서 나오는 또 한 명은 11세기의 요가 수행자이자 신비주의자인 젯순 밀라레파Jetsun Milarepa이다. 그는 종종 푸르스름한 기운을 띠고 있는 것으로 묘사된다. 전하는 말에 따르면 그는 흑마술을 포기한 뒤 쐐기풀 차만 마시며 살았는데 그 영향인지 피부가 푸르게 변했다고 한다.

파라오 세티 1세와 함께 있는 초록 피부의 오시리스.

기독교와 유대교의 창조 신화에도 '하느님의 정원'을 통해 초록이 등장한다. 나중에 에덴동산으로 알려지게 되는 이 개념은 생명의 나무를 지키는 사명을 띠고 성스러운 정원에 배치된 한 원시인에 관한 바빌로니아 전설에서 영감을 얻은 듯하다. 이는 또 그리스신화에 나오는 헤스페리데스의 정원과도 일치한다. 각각의 이야기에서 정원은 다양한 형태의 낙원이 그렇듯이 우거지고 풍요롭고 기름진 초록색으로 묘사된다.

초록 숭배에 관한 한 이슬람을 따라올 종교는 없다. 이슬람에서 초록은 창조, 에덴동산, 낙원, 부활, 나아가 선지자 무함마드와도 연관된다. 그는 초록 터번을 비롯해 초록 또는 흰색, 아니면 그 둘 다를 입고 나타난다.

초록 터번은 그의 후계자들도 착용했으며 코란에 나오는 낙원과 초록의 연관성은 그 어떤 종교보다 구체적이다. 예를 들면 초록 의복, 초록 비단 소파, 알라가 초록 새의 형태로 길을 찾아 날아오는 순교자들을 맞이하는 영생의 초록 정원 등에 대한 언급이 그렇다. 세계 곳곳의 그토록 많은 이슬람 사원이 초록 돔(아래 오만 무스카트에 있는 사원 사진 참조) 형태를 띠고 있다거나, 이슬람 국가의 국기 대부분이 파티마 왕조 시대에 깃발마다 초록을 사용하던 관행을 따라 초록을 주된 색으로 삼고 있다는 사실은 전혀 놀랍지 않다.

예언자 알키드르Al-khidr는 이슬람 전통에서 중요한 비중을 차지한다. 코란에서 그는 초록 망토와 터번을 걸치고 모세와 함께 여행하는, 하느님의 현명하고 공명정대한 종이자 사자로 묘사된다. 무함마드의

초록GREEN

설명을 빌리면 알키드르가 '푸른이The Green One'로 불리는 이유는 그가
불모의 땅에 앉는 순간 푸른 싹이 돋아나기 때문이다. 다시 말해 그는
생명을 가져오는 존재다.

이슬람 수피파에서 푸른이는 영생을 누리며 가끔 초록을 입어 자신
의 신분을 넌지시 드러내기도 하지만 주로 익명으로 사람들 앞에 나타
나는 것으로 전해진다. 수피교도들에게 '초록 죽음'을 선택한다는 것
은 화려한 의복을 포기하고 누덕누덕 기운 보잘것없는 넝마조각을 걸
친다는 뜻이다. 그리고 나면 그 사람의 삶은 그가 선택한 '푸르른 은총'
덕분에 온통 초록으로 바뀐다. 초록은 시아파 왕가의 색이기도 하며,
그 때문에 시아파 도상학에서 특히 인기가 높다.

초록에 대한 이슬람의 총애의 결과 기독교 십자군 사이에서 초록은
달갑지 않은 색으로 여겨졌다. 결국 초록은 악마, 마귀와 관계 깊은 색
으로 자리 잡게 되었고(아래), 연극 무대에서 초록색 분장을 한 사람들
은 역겨운 최후를 맞이하기 일쑤였다. 이러한 경향은 12세기 십자군
시대에 시작되었으며 초록색과 불운을 연관 짓는 경향은 적어도 19세
기 초까지 프랑스와 기타 유럽 등지에 남아 있었다.

죽음을 부르는 초록

1775년 카를 빌헬름 셸레라는 스웨덴 화학자는 셸레녹Scheele's green이라는 연두색 안료를 발명했다. 이 안료는 물감으로 아주 큰 인기를 끌었고, 염색제로는 양탄자, 양초, 다양한 종류의 직물, 무도복, 벽지, 나아가 사탕에도 사용되었다. 1863년 〈타임스〉는 영국에서만 내수용으로 연간 500톤이 넘는 셸레녹이 생산되고 있는 것으로 추산했다.

하지만 이 안료의 주성분이 아비산구리라는 점이 문제였다. 이 물질은 독성이 강해 암과 기타 여러 가지 질병을 유발할 수 있었다. 건조한 날이면 미세한 비소 입자들이 대기중으로 날아가 뒤섞였다. 습하거나 축축한 날이면 곰팡이가 슬어 퀴퀴한 냄새를 피우며 훨씬 더 많은 독성 물질을 공기 중으로 발산했다. 어린이와 노인들은 이런 환경에 특히 민감했고, 많은 사람이 자기 방에서 병들어 죽어갔다.

1814년 에메랄드그린이라는 새로운 제품이 시장에 나오자 사용자들은 반색했다. 색조가 훨씬 더 밝았기 때문이다. 그러나 이번에도 비소가 섞여 있었다. 1860년 유명한 한 사건으로 어떤 요리사가 런던 상류사회의 한 저녁 모임에 이 안료를 사용해 물들인 블랑망제(전분, 우유, 설탕 등을 넣어 만든 푸딩의 일종이다— 옮긴이)를 내놓았다. 손님 가운데 세 명이 비소 중독으로 사망했다. 또 다른 사건에서는 한 소녀가 인공 포도송이 겉을 감싸고 있는 초록색을 혀로 핥고 나서 사망했다.

이듬해 비소의 유독성이 과학적으로 밝혀지면서 경고문이 돌아다니기 시작했다. 1871년 〈영국 의학 저널British Medical Journal〉은 셸레녹 벽지 샘플 6인치에 사람 두 명을 죽이고도 남을 만큼의 비소가 들어 있으며, 이런 벽지는 '궁전에서부터 인부의 오두막에 이르기까지' 어디서나 볼 수 있다고 썼다. 특히 비소가 강력한 쥐약으로 인기가 높았다는 점을 고려할 때 당국은 대체 뭘 하느라 그렇게 오래 손을 놓고 있었는지 의아해하는 사람이 있을지도 모르겠다. 사실 셸레가 한 친구에게 자신의 안료가 유해하다는 사실을 사용자들에게 알려야 할지 어떨지 잘 모르겠다는 내용의 편지를 쓴 지가 벌써 83년 전이었다. 셸레는 사업에 나쁜 영향을 미칠 것 같아 알리지 않기로 결정했다. 유해성이 드러나긴 했지만 셸레녹은 금지되지 않았다. 관련 산업의 규모가 너무 컸기 때문이다. 제조업자들이 생산을 중단하고 소비자들이 구매를 중단하기까지는 40년이 더 걸렸다.

초록에 대한 셸레의 기여를 기리기 위해 발행된 스웨덴의 초록 우표.

어느 독재자의 초록 죽음?

나폴레옹 보나파르트는 1821년 유배지인 세인트헬레나섬에서 51세의 나이로 사망했다. 공식적인 사인은 그의 아버지를 죽이기도 했던 위암이었지만 그의 증상 때문에 오랫동안 사람들은 그가 비소 중독이었을지도 모른다고 생각했다. 그의 영국인 억류자들이 범인으로 의심받았지만 나중에 셀레녹을 함유하고 있는 것으로 드러난 눅눅한 방 벽지가 원인이었을 확률이 높다.

2007년 이탈리아의 국립핵물리학연구소에서 그의 머리카락 일부를 검사한 결과 비소 성분이 확인되었다. 그의 비소 수치는 오늘날 평균치의 100배에 이르렀지만 염료와 물감을 통해 비소에 자주 노출되었던 그 시대 사람들의 평균치에 비해 그리 높은 것도 아니었다. 그 뒤 그의 젊은 시절 머리카락에 대한 검사도 이루어졌는데, 비소 수치가 똑같이 높게 나왔다. 따라서 벽지가 그의 죽음을 앞당겼을 수는 있지만

샤를 드 스퇴방의 〈나폴레옹의 죽음〉. 그런데 셀레녹이 정말 이 지배자의 종말을 재촉했을까?

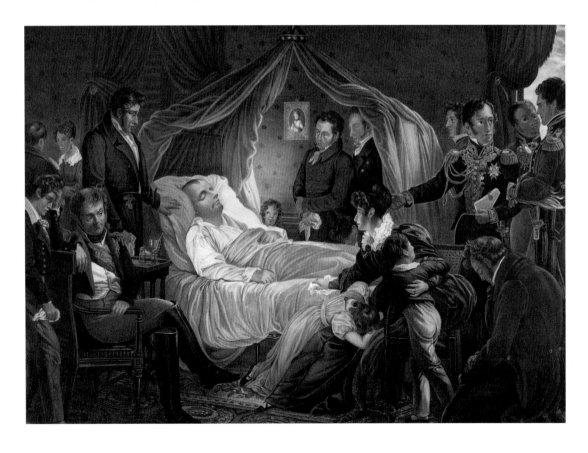

그를 죽이지는 않았을 가능성이 높다. 이후 그의 사인은 천공성 궤양을 동반한 장암이었던 것으로 분명히 정리되었다.

작은 초록 인간

외계인은 왜소한 체구에 온통 초록이라는 개념은 1955년의 '켈리-홉킨스빌 목격담'과 더불어 시작되었다. 켄터키 출신의 농부 두 명이 자신들의 농가가 우주선에 타고 있는 외계인들에게 공격당했지만 총을 쏘아 쫓아버렸다고 주장했다. 번쩍거리는 은빛 외계인들은 크고 뾰족한 귀와 발톱처럼 생긴 손, 이글거리는 노란 눈에 키는 4피트가 채 안 되는 것으로 전해졌다. 초록에 대한 언급은 전혀 없었지만 몇몇 신문에서 나중에 이야기가 좀 더 호소력을 띠도록 하기 위해 덧붙였다.

영국에서는 신비한 '초록 아이들'이 12세기의 울핏 주민들 앞에 모습을 드러냈다. 화성에서 온 초록 피부의 외계인에 관한 미국 최초의 언급은 1899년 〈애틀랜타 컨스티튜션Atlanta Constitution〉의 한 기사에서 나온다. 《타잔Tarzan》의 작가 에드거 라이스 버로스Edgar Rice Burroughs는 1912년 12피트 키의 '화성에서 온 초록 인간들'에 관한 이야기를 썼다. 그러나 '작은 초록 인간little green men'이 일상 속어의 일부로 자리잡은 것은 켈리-홉킨스빌 사건이 있고 나서부터였다.

> ## 외과의들은 왜 초록색 수술복을 입을까?
> 한때 외과의들은 평상복 차림으로 수술했지만 청결의 중요성을 인식한 뒤로 하얀 앞치마를 착용하기 시작했다. 하지만 흰 앞치마는 다른 어떤 색보다도 피가 선명하게 도드라져 보였고, 그 때문에 수술장은 마치 푸줏간처럼 보였다. 빨강과 흰색은 서로 대비되는 색깔이라 집중력을 흐트러뜨리는 데다 눈도 피곤했다. 해결책은 청록색 '수술복'이었다. 청록색은 빨강의 보색이기 때문에 피가 덜 보였고, 그 결과 눈이 받는 부담도 훨씬 줄어들었다.

초록 결혼 예복

미국의 결혼 예절을 다룬 1949년의 한 책은 이렇게 조언한다. "초록은 젊음과 희망, 행복을 상징한다." 스코틀랜드와 잉글랜드 북부의 전통은 이와 정반대이다. 예를 들어 결혼식 색에 관한 19세기의 한 시에는 다음과 같은 충고가 포함되어 있다. "결혼할 때 초록을 입으면 남 앞에 서기가 부끄러워진다네Married in green, ashamed to be seen." 이보다 앞선 시에는 이런 내용이 들어 있다. "결혼할 때 초록을 입으면 남 앞에 서기가 껄끄러워진다네Married in green, not fit to be seen." 잉글랜드 중부 지방에서 한때 초록은 버림받는 것과 관련된 색으로 이런 짤막한 노래를 생겨나게 했다. "초록과 흰색/쓸쓸하게 버림받누나." 윌리엄 헨더슨William Henderson은 1866년 잉글랜드 북부의 민담에 관한 글을 쓰면서 다음과 같이 충고했다. "초록은 스코틀랜드 저지대에서는 늘 불길한 색이니만큼 결혼식에서 입으면 절대 안 된다. … 사실 그날 그 어떤 것도 초록을 띠어서는 안 된다. 결혼식 피로연에서도 케일 같은 녹색 채소는 내놓으면 안 된다." 하지만 스코틀랜드에는 한 가지 예외가 있었으니 아직 미혼인 언니들은 여동생의 결혼식 날 창피스러움의 표시로 초록색 스타킹이나 가터를 착용해야 한다는 전통이었다.

불운과의 이러한 연관성은 초록 요정들에게서 왔을 확률이 높다. 요정의 색깔을 함부로 고르는 사람에게는 힘든 시련이 찾아올 것이다. 요정은 또한 성적으로 문란하다고 인식되었기 때문에 서유럽에서 초록은 난혼의 색으로 굳어졌다. '초록 드레스를 준다to give one a green gown'는 표현은 성관계를 허락한다는 완곡어법이었다. 이 어구는 최소한 1600년대부터 쓰였다. 예를 들어 로버트 헤릭Robert Herrick은 〈5월 놀이에 나선 코리나Corinna's Gone A-Maying〉라는 시에서 "관계도 수없이 해봤고Many a green-gown has been given/키스도 닥치는 대로 수없이 해봤노라Many a kiss, both odd and even"고 쓰고 있다.

자연과의 연관성 때문에 주로 초록을 입은 모습으로 묘사되었던 요정들의 짓궂기로 소문난 행동 때문에 초록은 서유럽에서 다소 부정적인 기운을 띠게 되었다.

파랑BLUE

파랑과 초록은 서로 다른 색이라고 생각할지도 모르겠다. 나뭇잎과 풀은 초록색이고 하늘과 바다는 파란색이다. 서로 달라 보인다. 하지만 실제로 몇몇 문화권에서 그 둘은 같다. 파랑은 비교적 최근에 색표에 추가되었으며, 세계의 몇몇 지역에서는 아직 존재하지도 않는다. 파랑이 영어에 등장하게 된 것은 겨우 11세기에 들어와서였다.

이는 아마도 자연과 관계가 있지 않을까 싶다. 하늘은 그저 하늘이고 바다는 그저 바다일 뿐인 데다 둘 다 색을 자주 바꾸기 때문이다. 그 외에 자연은 파랑을 생산하는 데 매우 인색하다(우리는 블루베리, 파랑새, 청파리bluebottles, 참다랑어blue-finned tunny, 블루벨bluebells에 집착하는 경향이 있는데, 사실 이 모두는 보라에 가깝다). 이는 또 역사적으로 파란색 염료와 색소가 부족했다는 사실과도 관계가 있다. 암각화에서는 파랑이 아예 존재하지도 않을뿐더러 이후 몇천 년이 지나도록 이 색을 찾아보기는 어렵다.

파랑과 초록의 난제

대부분의 현대 유럽 언어에서 '파랑'이라는 말의 어원은 실재하는 파란색 사물이 아니라 검정이나 초록에서 시작됐다. 고대 이집트인들은 파랑을 아주 좋아해 이를 가리키는 말이 따로 있었던 데 비해 중국인, 일본인, 유대인들은 그렇지 않았다. 실제로 그들은 파랑을 아예 색으로 보지 않았을 수도 있다. 고대 그리스인들에게 파랑은 그저 초록의 변종일 뿐이었고 그래서 이름도 따로 없었다. 호메로스의 《오디세이 Odyssey》는 검정과 흰색, 그 외 어두침침한 색조에 대해서는 수백 번 넘게 언급했지만 파랑은 단 한 차례도 언급하지 않았다. 그는 '진한 포도주 빛깔 바다wine-dark sea'에 대해서는 이야기하면서 푸른 바다에 대해서는 일절 말이 없었다.

남는 시간이면 그리스 고전을 연구했던 개혁 성향의 영국 총리 윌리엄 글래드스턴William Gladstone은 호메로스에게 파랑에 대한 어휘가 부족하다는 사실을 발견하고는 그리스인들은 색맹이 틀림없었다고 생각했다. 글래드스턴이 미처 깨닫지 못했던 점은 이러한 언어적 색맹은 비단 고대 그리스인들에게만 국한되지 않고 중국인, 일본인, 유대인들에게까지 나타나며, 힌두교의 베다 찬가는 천체에 대한 다채로운 표현으로 가득하지만 여기서도 하나의 색으로서 파랑은 빠져 있다는

이집트인들이 파란색을 가리키는 이름을 만들어 사용했던 데에는 청금석에 대한 접근이 용이해 이를 예술에 적용했다는 사실이 어느 정도 원인으로 작용했던 것으로 보인다.

사실이다. 세상 모든 언어를 고려할 때 파랑을 하나의 고유한 색으로 인정하는 태도는 검정이나 흰색, 빨강, 노랑, 초록에 비해 비교적 늦게 나타난다. 줄루어Zulu, 한국어, 베트남어, 타이어, 쿠르드어를 비롯해 몇몇 현대 언어의 경우에도 파랑과 초록의 경계가 불분명하기는 마찬가지다.

파랑과 초록을 혼동하기 쉬운 이유 중 하나는 그 둘이 색채 스펙트럼에서 나란히 붙어 있기 때문인데, 그렇다 보니 어떤 사람들은 큰 차이를 못 느끼는 것이다. 하지만 몇몇 문화권에서는 색을 명기할 때 다른 요인들이 작용한다. 예를 들어 태평양 뱅크스 제도의 모타Mota섬 주민들에게 색을 식별하는 기준은 밝은 정도와 분위기, 질감과 관련되어 있다. 색의 밝기와 광택의 유무에 따라 각기 다른 이름이 주어지지만 나뭇잎의 초록은 하늘의 파랑과 동일한 색이다.

앙골라 국경 근처에서 반유목 생활을 하는 나미비아의 힘바Himba족 5만여 명은 명확한 청록 구별 능력 때문에 최근 들어 관심을 받고 있다. 색에 대한 이름과 표현이 많은 서구인들에 비해 힘바족에게는 딱 네 개, 그러니까 'zoozu'(초록, 파랑, 빨강, 보라 같은 주로 진한 색), 'vapa'(흰색과 노란색 계열), 'borou'(그 외 초록과 파랑 계열), 'dumbu'(그 외 초록, 빨강, 갈색 계열) 밖에 없다.

몇 년 전 BBC에서 힘바족과 관련된 색 인식을 다룬 프로그램을 방영한 적이 있다. 한 실험에서 부족민들은 초록 사각형 여러 개와 파란색

사각형 한 개가 섞인 상태에서 색을 구분해보라는 주문을 받았다. 그들은 구분하는 데 애를 먹었다. 그런 다음 부족민들 앞에 초록 사각형 여러 개가 주어졌다. 그중에는 음영이 다른 초록 사각형도 하나 섞여 있었다. 그들은 이번에는 전혀 애를 먹지 않았지만 서구 지원자들은 그 반대였다. 힘바족이 색과 관련해 이처럼 특이한 이유는 그들의 사냥 환경, 즉 빛과 어스름을 중시하기 때문이다. 그 결과 그들은 파랑과 초록 같은 색을 구분하는 데에는 애를 먹지만 서로 다른 색조를 판단하는 데에는 아주 뛰어나다. 그래서 고대 그리스인들처럼 힘바족에게도 파랑을 가리키는 말이 없는 것이다. 파랑은 그들에게 굳이 필요하지 않기 때문이다. 적어도 색에 관한 한 언어가 인식을 좌우하는 듯하다.

영어를 사용하는 사람들은, 예를 들어 러시아인들이 그렇듯 파랑을 둘로 나눈다. 대신 그들은 짙은 파랑dark blue, 연한 파랑light blue, 바랜 파랑pale blue, 아주 연한 파랑baby blue, 고운 파랑navy blue, 차가운 파랑 icy blue, 하늘빛 파랑sky blue 같은 한정형용사를 사용한다. 이와 대조적으로 빨강은 연한 빨강이나 창백한 빨강보다는 분홍을 동반한다. 분홍은 빨강과 다른 색으로 간주되기 때문이다.

위는 힘바족의 색 인식 능력을 알아보는 실험에 사용했던 유색 사각형이다. 어떤 사각형이 다른 것들과 다른 색조인지 구별할 수 있겠는가?

청록색turquoise

색채 전문가들은 청록색은 70퍼센트가 파란색이고 30퍼센트가 녹색이라고 말한다. 공교롭게도 이 이름은 준보석에서 유래했다(보석의 원산지가 터키라 생겨난 이 말은 19세기 후반에 영어권으로 건너왔다). 다른 모든 색깔이 그렇듯 오늘날 청록색도 하늘색celeste, 청록색turquoise blue, 밝은 청록색light turquoise, 중간 청록색medium turquoise, 짙은 청록색dark turquoise, 신비한 진줏빛 청록색 pearl mystic turquoise 등으로 세분된다. 현대 패션에서 청록색은 주로 여성복 색으로 각광받고 있다.

블루스

'우울하다feeling blue'는 표현의 유래는 항해와 관련 있다는 설이 있다. 일각에서는 이런 표현이 원양 항해가 성행하던 시절에 시작되었다고 주장하기도 한다. 그 시절 선장이나 장교가 항해 도중 사망할 경우 푸른색 깃발을 게양하고 배가 부두에 정박하고 나면 선체에 파란색 줄을 칠했다.

이는 또 푸르스름하게 보이는 시체 또는 으슬으슬 춥고 피곤할 때의 피부색을 암시하는 것일 수도 있는데, 따라서 기분이 우울하다는 것은 사는 데 너무 지친 나머지 불편하고 불행한 느낌이 든다는 것에 대한 은유적 표현이다.

이는 콜-앤드-리스폰스call-and-response, 즉 서아프리카에 뿌리를 둔 아메리카 노예들의 음악에서 유래한 기타 중심의 노래와 이어진다. 오늘날 우리가 '블루스'로 알고 있는 음악 장르는 19세기 말로 거슬러 올라간다. 원래 블루스는 나쁜 경찰, 인정사정없는 감옥, 백인의 압제, 배신을 일삼는 연인, 폭력을 휘두르는 연인, 짝사랑, 원치 않는 임신, 홍수, 가뭄, 도박, 불한당, 시련 등 혹독하고 무자비한 세상에서 노래를 부르는 이가 겪은, 가슴 아픈 사연으로 가득한 가사가 특징인 불행한 흑인들의 세속 음악이었다.

이 음악이 처음 등장했을 때부터 '우울하다'는 표현은 이미 미국인의 일상 속어로 깊숙이 자리 잡고 있었기 때문에 이 새로운 음악 형태는 '블루스'로 부르는 것이 적절해 보였다. 따라서 블루스와 함께 시작된 '블루'라는 주제가 마일스 데이비스의 대표작 〈카인드 오브 블루Kind of Blue〉와 존 콜트레인의 〈블루 트레인Blue Train〉에서부터 자전적 노래를 수록한 조니 미첼의 획기적 음반 〈블루Blue〉, 마돈나의 〈트루 블루True Blue〉, 매시브 어택의 〈블루 라인스Blue Lines〉 등등에 이르기까지 관련 음악 형태로 길을 찾은 것은 어쩌면 당연한 결과였다.

포르노 영화를 왜 '블루 무비'라고 부를까?

이에 대해서는 서로 대립하는 견해가 몇몇 있다. 1781년 코네티컷의 역사는 청교도의 '서슬 퍼런 법률'과 관계가 깊었는데, 여기서 푸른색과 성적 행동을 연관 지어 바라보는 시각이 생겨났을 수 있다. 1824년 스코틀랜드의 《갤러웨이 백과사전*Gallovidian Encyclopaedia*》은 노래나 대화, 글에서의 '지저분한 느낌'을 '푸른색'과 결부시켰다. 바로 여기서 '음담패설blue joke'을 거쳐 종국에는 '도색영화blue movie'로까지 이어졌을 것이다. 또 다른 설은 파란 옷을 입고 감옥에 갇힌 창녀들에게서 이 모든 게 시작되었다는 것이다. 몇몇 스트립쇼에서 파란색 조명을 사용했다는 점을 근거로 내세우는 주장도 있다.

세계인이 가장 좋아하는 색

파란색이 함축하는 의미와 관련해 특기할 만한 점은 슬픔 말고도 대부분의 문화권에서 이 색은 냉정과 침착과도 연관되어 있다는 사실이다. 파란색 표지의 IQ 테스트지를 받아든 학생들은 빨간색 표지의 IQ 테스트지를 받아든 학생들보다 점수가 몇 점 더 높은 것으로 나타난다. 전자는 침착하게 해주는 효과가 있는 데 비해 후자는 들뜨게 하는 효과가 있다. 이는 우리 뇌가 파란색 표면의 분자들을 튕겨내면서 빛의 파장을 받아들이는 방식과 관련해, 두 색에 내재하는 고유한 특징과 어느 정도 관련이 있을 수도 있고, 빨강은 위험과 피를 연상시키는 데 비해 파랑은 바다, 호수, 강, 하늘 등 차분한 느낌의 생태계를 연상시킨다는 점과도 관련이 있을 수 있다.

슬픔과 시련, 절망과의 연관성에도 불구하고 몇몇 문화권에서의 색 선호도 조사 결과는 파랑을 세계인이 가장 좋아하는 색으로 꼽는다. 실제로 10개국을 대상으로 한 색 선호도 연구에서 파랑은 다른 색들을 제치고 1위에 올랐다. 이는 남녀노소 구분 없이 모두에게 적용되지만 최근 들어 서구에서는 파랑을 남성의 색으로 바라보기 시작했다. 분홍이 함축하는 여성적 의미를 살펴볼 때 같이 살펴보겠지만 여기에 특별한 이유는 없다.

서로마제국의 부유한 로마인들은 남성에게는 여성적인 색이라는 이유로 파랑을 경시했으며, 현대 러시아에서는 남성 동성애자를 '스카이

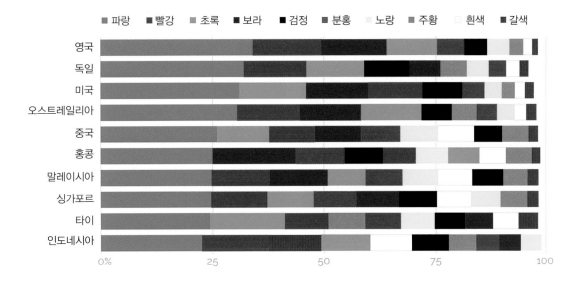

아래에서 가장 좋아하는 색은?

■ 파랑 ■ 빨강 ■ 초록 ■ 보라 ■ 검정 ■ 분홍 ■ 노랑 ■ 주황 □ 흰색 ■ 갈색

영국
독일
미국
오스트레일리아
중국
홍콩
말레이시아
싱가포르
타이
인도네시아

0%   25   50   75   100

블루'라고 부른다. 유럽의 몇몇 가톨릭 국가에서는 성모 마리아와의 연관성 때문에 파랑을 여성의 색으로 간주했다. 20세기 초로 넘어오면 가톨릭 세계를 넘어 잡지계에서도 파랑을 종종 소녀들의 색으로 소개했고, 그런 가운데 딸을 여성스럽게 키우고 싶다면 파란색을 입히라고 충고하기도 했다.

종교적 파랑

파랑은 초록 다음으로 종교적 숭배와 관련성이 깊다. 가톨릭에서 파랑은 대개 마리아 숭배와 관련된다. 실제로도 성모 마리아는 늘 파란 망토를 입은 모습으로 묘사되었다. 하지만 1세기의 팔레스타인에서 복음서의 마리아처럼 신분이 낮은 여성은 천연 양모로 만든 무색 옷을 입었을 확률이 높다. 염료는 비쌌던 데다 그나마 몇 가지 안 되는 색은 부자와 권력자, 로마인들의 차지였기 때문이다. 따라서 마리아의 파란 망토는 초창기 기독교인들의 머릿속에는 존재하지 않았다. 푸른 망토는 6세기 비잔틴에서 처음 등장했다. 가톨릭 자료에서 이 색을 제시하

파란 망토를 걸친 성모 마리아. 역사적으로 볼 때 파랑은 형편이 넉넉지 못했을 그녀가 구할 수 있는 색이 아니었다.

는 이유는 다양하다. 무엇보다도 파랑은 황후가 입는 색이었다. 또 파랑은 평화와 고요의 색이며, 하늘과 땅의 색이기도 하다.

파랑을 선호하는 종교가 비단 가톨릭만은 아니었다. 힌두교에서 세상의 유지자이자 물과 관계 있는 것으로 알려진 최고신 비슈누와 그의 일곱 번째 화신인 자비로운 라마의 경우 둘 다 대개 파란 피부로 묘사된다. 그런데 파괴의 신 시바 또한 파랗게 묘사하면서 '푸른 목구멍'이라고 부른다. 신과 악마의 싸움에서 이기려고 독을 집어삼켰기 때문이다. 불교도들은 청록색 염주를 지니고 다니며, 동쪽의 몽골 부처 악쇼비야Akshobhya도 파랗게 묘사되었다. 그의 추종자들에게 파랑은 적을 무찌른 그의 힘을 연상시키기 때문이다.

출애굽기에 보면 유대 민족이 하느님과 계약을 맺고 나서 하느님이 자신의 권능을 보여 그들에게 깊은 인상을 남기기로 결정한 후 시나이 산을 오르는 모세와 그 동포들 이야기가 나온다. 이와 관련해 출애굽기 24장 10절은 "그의 발 아래에는 청옥을 편 듯하고 하늘같이 청명하

비슈누의 여덟 번째 화신 크리슈나(117쪽 위), 시바(117쪽 아래) 모두 파란 피부로 묘사된다.

더라"고 설명한다. 유대인의 《탈무드》와 《미슈나Mishnah》는 십계명을 새긴 명판이 파란 사파이어로 되어 있어 모세가 하늘나라와 하느님의 왕좌를 쉽게 찾을 수 있었다고 가르친다. 정통 유대교에서 기도할 때 쓰는 숄은 끝부분에 파란 띠가 있다. 하늘의 순수한 색을 떠올리며 하느님을 더욱 깊이 생각하라는 의미에서이다. 하지만 파란 염료에 해당하는 유대 단어 'Tekhelet'를 사용하면서 하느님이나 율법의 저자들이 염두에 뒀던 하늘이 정확히 어떤 종류의 하늘이었는지 확신할 수 있는 사람은 아무도 없다. 70년에 있은 예루살렘 약탈과 제2성전의 파괴로, 엄격하게 지켜졌던 지침서가 모두 유실되었기 때문이다. 이와 관련해 주석자들은 그 색이 한낮의 하늘(마이모니데스Maimonides), 저녁 무렵의 하늘(라시Rashi), 사파이어의 파란색과 심지어는 초록을 닮았다고까지 설명한다. 오늘날의 기도 숄 제작자들은 하늘색을 주로 사용한다.

파란 피

귀족 행세를 하는 사람을 가리키는 '파란 피blue blood'는 외국인 혐오와 더불어 종교 또는 종교적 환상주의에서 유래했다. 1492년까지 유대인과 무슬림, 기독교인은 무슬림이 지배하는 스페인 그라나다에서 서로 왕래하며 아주 잘 지냈다. 그 뒤 기독교인들이 아라곤의 페르디난도와 카스티야의 이사벨라의 지휘 아래 이슬람 스페인의 이 마지막 전초기지를 정복하고 스페인 종교재판소를 설치했다. 유대인과 무슬림은 도망치거나 개종해야 했다.

남아 있는 자들은 북아프리카인을 조상으로 둔 상대적으로 까만 피부의 사람들이었다. 하지만 그들의 새로운 지배자는 상대적으로 하얀 피부였고, 이는 그들의 목과 팔에 파르스름한 정맥이 비쳐 보였다는 뜻이다. 기독교인이라는 점을 증명하는 한 가지 방법은 '파란 피'를 보여주는 것이었다. 이 모두는 스페인에서 시작되었지만 곧이어 신분에 집착하는 다른 유럽인들도 이를 받아들이기 시작했고, 귀족 혈통을 지닌 사람들은 그 고귀함을 강조해 '파란 피'로 불리게 되었다.

파란 예술

성모 마리아를 그려도 손색없는 '진짜' 파란 물감을 찾는 지난한 여정은 빨간 염료를 찾는 여정 못지않게 열정과 절망을 동반했다. 레오나르도 다빈치 같은 화가들은 마리아를 그릴 때 최고의 물감만을 고집했다. 이는 파산하는 한이 있더라도 청금석으로 만든 아프가니스탄산 군청색 물감을 구입해 사용했다는 뜻이다. 그에 비해 다른 사람들은 남동석으로 만든 좀 더 값싸고 덜 눈부신 청색을 사용했지만 레오나르도조차 유다를 그릴 때는 이 물감을 사용했다. 청금석은 긴 계보를 지니고 있었다. 고대 아프가니스탄의 도자기와 메소포타미아의 조각상, 이집트의 장신구와 로마의 최음제에 이어 중세 채색 필사본의 정교한 대문자에 사용되었다.

청금석을 사용해 물감을 만들려면 우선 원석을 아주 곱게 갈아야 했는데, 아무리 청금석을 구입할 만큼 여유가 있는 사람이라 할지라도 그 과정은 고되고 값비쌌다. 그런데 1700년대 초반 들어 황산제일철과 잿물을 섞는 과정에서 발견된 프러시안블루의 등장으로 이 모두가 바뀌었다. 프러시안블루는 값도 훨씬 싸고 무엇보다 빛이 바래지도 않았다.

파란 물감의 효용이 증가했음에도 불구하고 조슈아 레이놀즈Joshua Reynolds 같은 18세기 영국의 대표적 화가들은 진정한 화가는 파랑을

이집트 예술에서 채색 사본에 이르기까지 청금석은 모든 곳에 사용되었다.

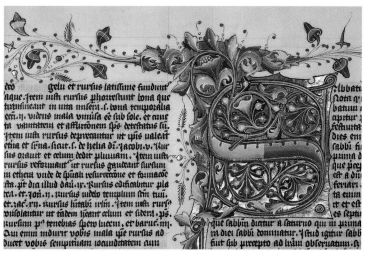

스펜서 튜닉의 〈혈의 바다〉. 벌거벗은 지역 주민 3천 명에게 음영이 다른 네 종류의 파란색을 칠해서 촬영했다.

그림의 중심색으로 사용하지 않을 것이라고 말했다. 그러기에 파란색은 너무 차가웠지만 배경과 그림자로 사용하기에는 그보다 더 좋을 수 없었다. 토머스 게인즈버러Thomas Gainsborough는 이런 견해에 의문을 제기하며 1770년 온통 파랗게 차려입은 소년을 그렸다. 훗날 그의 가장 유명한 작품으로 꼽히게 되는 〈파란 소년The Blue Boy〉이 바로 그 그림이었다.

19세기 후반 이후 대부분의 물감과 염료는 합성이었고, 따라서 어떤 음영을 염두에 두든 파란색이 부족할 일은 없었다. 그런 가운데 몇몇 화가들은 그 색을 선호한다는 이유로 유명세를 타게 되었다. 그중에서도 20세기의 처음 몇 년을 일컫는 파블로 피카소의 '청색 시대'가 오늘날 가장 유명하지 않을까 싶다. 하지만 뉴욕을 주무대로 활동하는 구상 사진작가 스펜서 튜닉Spencer Tunick만큼 파란색을 아끼는 예술가도 없다. 영국 도시 헐Hull의 해양 유산을 기념하기 위해 그는 3천 명이 넘는 지역 주민들을 설득해 나체로 나타나게 한 뒤 머리끝에서 발끝까지 음영이 다른 네 종류의 파란색으로 칠했다. 그러고 나서 주민들은 도시의 유적지 곳곳을 돌아다니며 포즈를 취했고 그는 그 모습을 〈헐의 바다Sea of Hull〉라는 제목 아래 사진에 담았다.

프랑스 화가 이브 클랭Yves Klein은 그의 이름을 딴 '인터내셔널클랭블루(International Klein Blue, IKB)'로 유명세를 떨쳤다. 그도 그럴 것이 그는 최대한 순수한 파랑을 개발하는 데 화가 인생 전체를 바쳤다고 해도 과언이 아니었다. 1962년 사망하기까지 그는 온통 파랑만으로 가득 채운 IKB 작품을 200점 가까이 그렸다.

지성이 뛰어난 여성들을 왜 '블루스타킹'이라고 부를까?

이 말이 처음 사용된 17세기 말에는 검정 실크스타킹보다 격식은 떨어지지만 값은 훨씬 싼 청색 소모사 스타킹을 착용하는 남성을 가리키는 용어였다. 그러다 18세기 중반 들어 블루 스타킹을 착용한 남성과 여성들이 유명한 사교계 여성 세 명이 결성한 문학 모임에 자주 드나들었고, 모임은 '블루스타킹회'로 알려지게 되었다. 그리고 이 박식한 여성들은 '블루스타킹 여인들'로 불리게 되었다.

파란 눈

이슬람에서 파랑은 물과 하늘을 상징하는 자연의 기본색 중 하나로 이슬람 사원 어딜 가나 눈에 띈다. 하지만 파랑은 부정적인 이미지를 연상시키기도 한다. 이와 관련해 쿠란 20장 102절에는 다음과 같이 적혀 있다. "나팔이 울리는 그날 하느님은 죄지어 두려움에 찬 푸른 눈을 한 죄인들을 불러 모으리라." 눈이 시퍼런 자들은 심판의 날에 천벌을 받으리라는 이 암시는 눈이 파란 사람들은 믿을 만하지 못하다는 견해가 확산되는 데 기여했지만 그 뿌리는 이슬람 도입 이전의 아랍으로 거슬러 올라간다. 그래서인지 이슬람 세계 일부에서는 파랑의 부정적인 이미지가 지금도 존재한다. 예를 들어 팔레스타인 사람들과 시리아인들이 누가 '뼈가 파랗다bones are blue'고 얘기하면 그 사람은 나쁜 사람이라는 뜻이다.

몇몇 이슬람 사원 양식에서 파랑은 가장 눈에 띄는 색이다. 늦은 오후의 햇살을 반사하고 있는 눈이 부시도록 아름다운 이란 이스파한의 셰이크로트폴라Sheikh Lotfollah 모스크는 특히 인상적이다.

나무에 걸어놓고 판매용으로 전시 중인 터키의 이 부적은 위해로부터 소지자를 지켜준다는 파란 눈이다.

파란 눈에 대한 불안은 중앙아시아의 비이슬람 지역에도 있었다. 이곳에서 눈이 파란 사람은 의뭉스럽고 추하다고 인식되었다. 이러한 편견은 그 지역에서는 파란 눈이 드물었고, 그래서 파란 눈 하면 이방인이나 이주민이 먼저 떠올랐다는 사실과 관계가 있었던 듯하다. 터키에서는 많은 사람들이 '악마의 눈'으로부터 보호받기 위해 파란 눈이 있는 부적을 지니고 다닌다.

애초에 사람들은 모두 갈색 눈이었다. (피부색을 결정하기도 하는) 멜라닌 수치가 낮아 나타나는 파란 눈은 아프리카인들이 더 추운 유럽으로 이주하고 나서 한참 뒤에야 생겨났다. 지금은 단일 유전자 돌연변이가 파란 눈의 열성 형질을 유발하는 것으로 추측되며, 아마도 1만 년 전쯤 북해 북서부 지역에서 처음 등장했던 것으로 보인다. 그 시기가 정확히 언제인지는 알 수 없지만 파란 눈이 '하얀' 피부보다 먼저 진화한 것으로 추정된다.

오늘날 파란 눈은 유럽 북부와 동부에서 가장 흔하며, 유럽, 남아시아, 북아프리카, 서아프리카 일부 지역을 비롯해 유럽인이 이주해

북유럽인과의 족외혼이 광범위하게 이루어졌던 나라들에서도 발견된다. 예를 들어 아슈케나지Ashkenazi 유대인의 경우 현재 이스라엘에 거주하는 사람들을 비롯해 모두 파란 눈을 가지고 있다. 우크라이나 유대인에 대한 전쟁 이전의 한 연구 결과를 보면 53.7퍼센트가 파란 눈인 것으로 나타난다.

또 덴마크에서 이루어진 연구에 따르면 파란 눈의 비율은 에스토니아가 가장 높고(99퍼센트), 그 뒤를 핀란드와 덴마크(89퍼센트)가 추격하는 것으로 나타난다. 잉글랜드와 웨일스, 스코틀랜드에서는 인구의 45~50퍼센트가 파란 눈이다. 미국에서는 이 비율이 급속히 떨어지고 있다. 시카고대학교 역학자epidemiologist 마크 그랜트Mark Grant가 주도한 연구에 따르면 1950년에는 미국인의 절반 가까이가 파란 눈이었지만 2002년에 들어서는 6분의 1로 감소한 것으로 나타난다. 현재 세계 인구의 약 8퍼센트가 파란 눈이다.

노예 블루스

위대한 화가들은 진정한 파랑을 찾아냈지만 직물 염색 사업에 종사하는 사람들에게 그 여정은 여전히 진행 중이었다. 유럽에서 증식하며 성긴 토양에서 잘 자라는 꽃풀 대청은 청색 염료를 생산하는 데 사용되었다. 율리우스 카이사르는 BC 55년 브리튼을 침공할 당시 푸른 대청을 칠한 픽트족Picts(로마인들은 스콧족Scots이라고 불렀다)과 마주쳤다고 썼다. '야만스런' 게르만족도 대청을 칠하는 풍습이 있었는데, 그중 상당수가 로마인들이 불길하게 여기는 파란 눈이었다. 파란 대청으로 몸을 칠하는 풍습의 이면에는 파란 피부가 침략자들을 겁주어 쫓아낼 것이라는 생각이 자리하고 있었다. 거기에는 또 종교적 함의도 포함되어 있었으며, 소독 성분이 상처에서 회복하는 데 도움이 됐을 수도 있다.

나중에 브리튼을 침략한 로마인들은 이세니족Iceni의 지도자 부디카Boudicca와 맞붙었다. 그녀는 무모하게도 상속권을 주장하며 전사 10만 명을 이끌고 런던과 콜체스터, 세인트올번스를 약탈하고 불태웠으며, 그 과정에서 최소한 로마인 7만 명을 살육했다. 그 후 로마 식민지 개척자들은 그녀를 붙잡아 매질하고, 그녀의 딸들을 강간했으며, 그녀의 땅을 빼앗고 그녀의 가족을 노예로 팔아 넘겼다. 세월이 지나 대청으로 칠하거나 문신한, 또는 대청으로 염색한 망토를 걸치고 전차를 타고 있는 부디카의 모습이 등장했다.

진한 청색에서부터 옅은 청색에 이르기까지 다양한 제품을 생산할 수 있는 대청은 몇 세기 동안 유럽에서 각광받는 염료였지만, 잡초를 발효시켜 산소를 모두 제거하는 복잡한 과정을 거쳐야만 제품화가 가능했다. 염색 중인 천을 통에서 꺼내면 처음엔 누르스름해 보이지만 공기와 접촉하는 순간 화학 성분이 산소와 반응하면서 파랗게 변한다. 따라서 그 과정은 마법처럼 신기하게 여겨졌다.

대청으로 염색한 망토 차림의 부디카와 문신한 이세니족 사람들.

비현실적인 생각을 왜 'blue-sky thinking'이라고 할까?

이 경영 전문용어의 이면에는 창조적 사고는 푸른 하늘처럼 그 포부는 끝이 없고 아무 제약을 받지 않는다는 생각이 자리하고 있지만, 이런 진부한 표현을 사용하는 것을 보면 그 반대이지 않을까 싶기도 하다.

파랑BLUE

메소포타미아와 아시아 일부, 가나, 아프리카와 아메리카 지역 사람들은 수천 년 넘게 쪽으로 옷을 염색했다. 예를 들어 아프리카 서부와 북부의 투아레그Tuareg족은 쪽의 파란색이 사악한 기운을 막아준다고 믿으며 수세기 동안 쪽으로 머릿수건을 염색해오고 있다. 그들은 이 보호용 청색이 한시라도 피부에서 떨어지게 놔두지 않아 '청색 민족'으로 불리게 되었다.

대청처럼 쪽도 식물의 일종이다. 대청은 양배추과 식물이고 쪽은 콩과 식물이다. 쪽은 적어도 5천 년 전 인도 북서부의 인더스 계곡에서 처음 재배했던 것으로 추정된다. 대영박물관에 가면 고대 이집트인들도 사용했던 바빌로니아의 쪽 염색법을 기록한 2,700년 전 석판이 있다. BC 13세기의 한 기록은 염색업자의 운명을 '여자 팔자보다 못하다'고 설명하면서 신선한 공기 한 번 못 마셔보고 하루 할당량을 채우지 못하면 '연못의 연꽃처럼 두들겨 맞는다'고 덧붙인다.

쪽은 여러 가지 이유에서 대청보다 사랑받았다. 무엇보다 비용이 더 저렴했을 뿐만 아니라 염료 생산량도 훨씬 더 많았고 그 질도 더 좋았다. 대청은 양모에는 훌륭했지만 흡수력이 떨어져 그다지 좋지 않았다. 그런데 영국의 대청 염색업자들은 쪽을 전혀 취급하지 않았다. 그들은 사실이 아닌데도 쪽이 유해하다는 이유를 들어 1660년까지 용케도 쪽 사용을 금지시켰다. 하지만 그 법은 잘 지켜지지 않았고, 특히 인도에서 사업하는 영국 제조업자들은 양모 염색용으로 대청과 쪽을 섞어 사용하거나 면직물 염색용으로는 인디언블루로 알려지게 되는 순수 쪽빛을 사용했다.

쪽으로 염색한 머리수건을 착용하고 있는 투아레그족 남성(왼쪽). 나이지리아 북부의 염색 갱에서 이루어지는 염색 작업(오른쪽). 이곳에서 장인들은 수세기가 넘는 직물 염색법을 고집하며 쪽을 사용해 더없이 눈부신 청색을 생산한다.

쪽, 즉 인디고 염색은 정작 인도에서는 유행하지 않았다. 이는 부분적으로는 모름지기 천은 염색하지 말고 자연 상태로 있어야 한다는 상류 계급 브라만의 강한 믿음 때문이었다. 인디고블루가 '불가촉' 계급(수드라)의 색이라 순수하지 못하다고 인식되었기 때문이기도 했다. 브라만이 어떤 식으로든 쪽과 연관이 되면, 심지어 우연히 쪽을 만졌다 하더라도 바로 지위를 잃었다.

계급 제도는 인도 여성들을 위계질서의 맨 밑에 두었기 때문에 상류층 여성이라 해도 쪽과의 접촉이 금지되지 않았다. 그런데 여기에는 모순이 있었다. 인도에서 청색은 악한 기운을 쫓는 색으로 널리 인식되었기 때문이다. 여기에는 '악마의 눈'을 물리치려면 극도로 불쾌한 뭔가가 필요하다는 생각이 자리하고 있었던 듯하다. 그래서 어머니들이 아기의 안전을 기원하며 쪽으로 염색한 면에 청색 구슬을 매단 팔찌를 채워주었다.

쪽과 청색을 멀리하라는 힌두교 상류 계급의 경고 때문에 인도에서의 염색 작업은 대개 고립된 지역에서 무슬림들이 담당했다. 대대로 내려오는 방법에 따라 오줌으로 가득 채운 통에서 쪽잎을 발효시키면 초록을 띤 노랑으로 변했다. 그러고 나서 천을 담그면 대청의 경우처럼 통에서 옅은 노랑이 나왔고, 이를 공기 중의 산소에 노출시키면 파랗게 변했다.

17세기 초에는 이상적인 기후와 풍부한 노예 노동에 힘입어 프랑스령 서인도 제도에서 쪽이 대량으로 생산되었다. 여기에는 그 지역의 지식도 한몫 거들었다. 노예 가운데 일부가 나이지리아에서 쪽을 사용해 직물을 염색한 경험이 있는 요루바Yoruba족이었기 때문이다. 17세기 중반으로 접어들면서 카리브 지역의 쪽은 세계 시장에서 인디언블루를 앞서기 시작했다. 1세기 뒤 프랑스와 전쟁을 치르면서 영국인들

가장 믿을 만한 주식과 회사를 '블루칩blue-chip'이라 부르는 이유는 뭘까?

도박에 빠져 지내던 올리버 진골드라는 다우존스 기자가 1923년 회전식 주식 시세 표시기를 주시하다가 몇몇 주식이 200달러가 넘는 가격에 거래되고 있다는 사실을 알아채고는 사무실로 돌아가 "이 블루칩 주식들에 대해 써야겠다"고 말했다. 도박사들은 파랑, 흰색, 빨강 칩을 사용해 돈을 건다. 그 가운데 파랑 칩은 흰색 칩의 25배, 빨강 칩의 5배 가치가 있다. 그래서 '블루칩'이라는 용어는 높은 품질과 포부를 의미하게 되었다.

은 군복 염색에 필요한 이 새로운 재료를 잃고 말았다.

　그보다 1년 전 가족을 따라 사우스캐롤라이나에 정착한 16세 영국 소녀 엘리자 루카스Eliza Lucas의 삶 속으로 들어가보자. 그녀의 아버지 조지는 1739년 스페인 군대와 싸우기 위해 집을 떠났다. 할 수 없이 엘리자는 노예 60명을 포함해 600에이커의 땅을 책임져야 했다. 쌀 수확으로는 수지타산이 맞지 않자 당시 카리브해의 안티과섬에 주둔 중이던 그녀의 아버지는 딸에게 씨앗을 보내기 시작했다. 알팔파와 생강은 모두 실패했지만 그다음 도착한 봉투에 쪽 씨앗이 들어 있었다.

　엘리자의 첫 번째 쪽 수확은 서리 때문에 엉망이 되고 말았지만 그 뒤 조지는 젊은 재배자 니콜라스 크롬웰을 고용해 엘리자를 돕도록 조치했다. 하지만 크롬웰은 그녀가 성공하면 자기 가족의 농장이 타격을 입을까 봐 라임으로 그녀의 염색통을 망쳐놓았다. 그러나 엘리자는 투사였고, 크롬웰의 속임수를 알아채고는 그를 해고했지만, 그다음 쪽 작물도 애벌레가 게걸스레 먹어치우고 있었다. 엘리자는 결국 상황을 바로잡았고, 1744년 네 번째 시도 끝에 풍작을 거두었다. 그해 조지는 프랑스군의 전쟁 포로로 사망했다.

엘리자 루카스가 살던 시대의 사우스캐롤라이나 쪽 농장의 모습.

파랑BLUE

대부분의 쪽 재배자들은 자신들의 비법을 지키려고 안간힘을 썼지만 미래를 내다볼 줄 알았던 엘리자는 그렇지 않았다. 그녀는 이웃 농장주 찰스 핑크니Charles Pinckney와 결혼해 인근 지역 농부들에게 씨앗을 나누어주고 조언도 하면서 영국 군대의 수요를 충족할 만큼 큰 규모의 사우스캐롤라이나 쪽 산업을 일으킬 생각을 키워나갔다. 1755년에 그들은 연간 500여 톤에 이르는 쪽 염료를 수출하기 시작했다. 물론 힘든 일은 모두 농장 노예들의 몫이었다.

미국의 쪽 산업은 40년 가까이 번성했지만 영국이 식민지 아메리카를 잃으면서 사우스캐롤라이나 농부들도 시장을 잃고 말았다. 그 뒤 영국은 상류층이 경악할 정도로 인도의 쪽 산업을 다시 일으켜 인도 노동자들을 인정사정없이 착취하기 시작했다. 이는 1870년의 폭동에 이어 1917년 비하르 북부의 쪽 농부들을 응원하여 마하트마 간디가 주도한 최초의 시민 불복종운동을 촉발했다.

1793년 70세의 나이에 암으로 사망한 엘리자는 안티과에서 보내온 쪽 씨앗에 의지했지만 어쩌면 그녀는 토착종을 사용했을지도 모른다. 아메리카 원주민들은 수세기 동안 내성도 강하고 궂은 날씨와 병충해에도 강한 쪽을 사용해 북아메리카 쪽 산업을 발전시켰다. 쪽 산업은 유카탄반도의 마야인과 멕시코의 아즈텍인을 지탱했던 축으로 이들은 이 식물을 염료뿐만 아니라 약제로도 사용했다. 인간 희생 제의의 일환으로 아즈텍인들은 목을 자르기 전 희생자들을 쪽빛으로 칠하곤 했다.

인디고블루 진

캐롤라이나 쪽은 청바지에서 지금도 계속 이어지고 있다. 이야기는 18세 때 뉴욕으로 이주한 레비 스트라우스라는 젊은 독일계 유대인 사업가와 함께 19세기 중반에 시작된다. 그는 도매업에 종사했는데, 다소 방랑벽이 있어 미주리주 세인트루이스에 이어 켄터키주 루이빌에서 잠시 지내다가 마침내 샌프란시스코에 정착해 프랑스 남부의 님이라는 도시의 이름을 따 '데 님de Nimes'이라 불리는 뉴햄프셔산 면직물을 비롯해 형제들이 뉴욕에서 보내주는 제품을 판매했다. 그렇게 해서 '데

옷감의 실용성에 초점을 맞춘 초창기의 리바이스 청바지 광고.

님'은 '데님denim'으로 진화했다.

그의 으뜸 단골은 23세 때 뉴욕에 도착한 뒤 이름을 데이비스로 바꾼 자코브 유피스Jacob Youphes라는 라트비아계 유대인 이민자였다. 데이비스는 금을 시굴하기도 하고 담배와 돼지고기를 팔기도 하면서 한동안 떠돌이 생활을 했다. 그러다 재단사라는 예전 직업으로 다시 돌아와 네바다주 르노에 들어앉은 뒤 그곳에서 레비 스트라우스에게 사들인 데님 천으로 텐트와 말 담요, 마차 덮개를 만들었다.

1870년 크리스마스를 코앞에 두고 데이비스의 고객 중 한 명이 벌목꾼 남편이 입을 작업복 바지를 하나 만들어달라고 주문해왔다. 그는 일명 오리 천(리넨 캔버스의 일종)을 사용해 바지를 만든 뒤 구리 리벳으로 솔기와 주머니를 보강했다. 벌목꾼은 기뻐했고, 곧이어 그의 친구들과 동료 인부들 모두가 그 바지를 원했다. 데이비스는 오리 천에서 데님으로 바꿔 작업하기 시작했다. 수요가 넘쳐나자 그는 사업 제안서를 들고 공급자를 찾아갔고, 둘은 동업 계약을 맺었다. 도매업자는 돈을 끌어모아 데님을 공급했고, 재단사는 샌프란시스코로 옮겨 제품 생산을 감독했다.

스트라우스와 데이비스는 처음에는 '웨이스트 오버올waist overalls'이라는 제품명으로 특허를 냈지만 나중에 좀 더 기억하기 쉬운 '진jeans'으로 바꿨다. 이는 제노바 선원들이 입던 바지에서 유래한 말이었다. 쪽이 가장 값싼 염료였듯 진 역시 적당한 색깔의 청색이었다. 데이비스는 뒷주머니에 상표를 추가했고, 그 뒤 그 바지는 리바이스, 또는 흔히 '블루진'으로 알려지게 되었다.

처음에 청바지는 작업복으로만 사용되었다. 예를 들어 1899년 레비 스트라우스 제품 광고는 '특허받은 리벳 장식의 의류'라는 제목 아래 청바지와 청 데님 셔츠 차림으로(이 무렵 그들은 셔츠와 오버올도 생산하고 있었다) 밭을 경작하는 농부의 사진을 내보냈다. 광고에는 '농부와 기계공, 광부가 사용하기에 최고'라는 문구도 실렸다.

2차 세계대전이 발발하면서 안쪽 솔기와 주머니에 쓰이는 면과 리벳용 구리를 비롯해 재료 일부가 부족해졌다. 이 때문에 수요가 더 늘어났고, 전쟁 이후 청바지는 누구나 탐내는 패션 아이템으로 떠올랐다. 1950년대 로큰롤 저항의 상징에 이어 히피 문화와 컨트리 음악 문화, 최첨단 유행과 심지어는 왕족의 아이콘이기까지 했다. 할리우드도 청바지가 세계적인 제품으로 자리 잡는 데 기여했다.

쪽은 오래전에 합성염료로 대체되었고, 오늘날에는 다른 많은 색깔과 더불어 블랙진도 대체품으로 나와 있지만 블루진은 여전히 가장 인기가 있다. 어떤 면에서 19세기 미국인의 생활에서 쪽이 차지했던 역할에 대한 찬사인 셈이다.

스트라우스는 1902년 600만 달러(오늘날 가치로 환산하면 1억 7천만 달러)라는 재산을 남기고 데이비스보다 6년 일찍 사망했다. 오늘날 그 둘의 회사는 전 세계에서 1만 6천 명을 고용하고 있다.

리바이스 청바지는 원래 광부 같은 육체 노동자들의 작업복으로만 쓰였다.

육체 노동자를 '블루칼라'로 부르는 이유는 뭘까?

이번에도 쪽과 관계가 있다. 이 말은 19세기 후반에 생겨났다. 당시 대부분의 육체 노동자들은 칼라를 쪽으로 염색한 청색 셔츠를 입었는데, 이는 흰색에 비해 때가 묻어도 눈에 잘 띄지 않았기 때문이다.

보라 PURPLE

한때 보라는 왕족의 색이었다. 많은 경우 왕족이 아닌 사람은 착용이 금지되었고, 이를 어기면 때로 죽음의 고통이 따르기도 했다. 이는 천연 재료로 생산하려면 값이 무척 비쌌기 때문이며, 그래서 보라 하면 굉장한 부자를 떠올리게 되었다. 로마 시대부터 1856년 합성염료가 발명되기까지 보라는 그런 상태로 남아 있었다. 그러다 19세기 후반 들어 보라가 유행하면서 중산층도 처음으로 이 색을 향유할 수 있게 되었다.

1960년대 들어 보라는 한 번 더 인기를 구가하게 되는데, 이번에는 반문화의 색으로 반항과 사이키델릭 아트, 양성애와 연관되었다. 21세기에 와서 보라는 제2의 여성 색으로 또다시 인기를 누리고 있다. 보라는 또 남성 동성애자와도 연관성을 갖게 되었는데, 동성애자 영화감독이자 화가인 데릭 저먼Derek Jarman은 이렇게 말했다. "남성의 파란색과 여성의 빨간색을 합치면 기묘한 보라색이 나온다." 그 과정에서 보라는 장례식 색(앞 페이지 참조)으로 선택되었다. 그 이유는 참회와 애도를 상징한다고 알려졌기 때문인데, 이런 관습은 오늘날의 타이에서도 계속 이어져 그곳 미망인들은 종종 보라색 옷을 입는다.

일본과 라틴아메리카 일부 지역에서 보라는 죽음과도 연관된다. 이러한 전통은 남편 앨버트 공을 잃은 빅토리아 여왕에 의해 영국에서 생겨난 뒤 1950년대까지 지속되었다. 예를 들어 현 여왕의 아버지 조지 6세가 1952년 사망하자 웨스트엔드 가게 유리창마다 엷은 보라색 속옷이 진열되었다.

세계의 다른 지역에서 보라는 좀 더 구체적인 의미를 띠었다. 스페인에서는 음식과 포도주를 지나치게 탐닉하는 사람을 가리켜 '보라스럽다to purple'라고 말한다. 영어에서는 딜리 댈리Dilly Dally의 노래 가사에서처럼 "보라색 분노가 치밀었다I got that purple rage"는 표현이 있다. 그냥 화는 빨갛지만 분노는 보라색이다. 둘 다 너무 화가 나서 이성을 잃은 사람들의 얼굴색과 관련이 있다. 일본인, 러시아인, 폴란드인들에게 보라는 시기와 질투와도 관련 있다.

오늘날 보라색은 다른 어떤 색보다도 정신적인 부분과 관계가 깊다. 인터넷에서 '보라색의 의미'에 대해 검색해보면 "보라는 파랑의 차분한 안정감과 빨강의 격렬한 에너지를 겸비한다"는 설명이 나온다. 흔히 보라는 평화와 헌신, 신비와 마법을 상징하며, 정신을 고양하고, 신경을 차분하게 안정시키며, 신성을 드높이고, 양육 성향과 감수성을 강화하며, 상상력과 창의성을 길러주고, 더 높은 자아와 '제3의 눈'과 연관되며, 우주 전체와 조화를 이루도록 도와준다고 알려져 있다.

그렇다면 보라는 과연 뭘까? 〈나는 무지개를 노래할 수 있어요I Can Sing a Rainbow〉라는 노래에서 보라는 스펙트럼의 색 중 하나이다. 뉴턴

보라색 망토를 걸친 유스티아누스 황제. 그가 살았던 6세기에 이 색은 너무 비싸서 왕족만 입을 수 있었다.

의 빨주노초파남보에서 이 색은 보라violet로 불리며, 목록의 제일 마지막에 위치하고, 또 꽃 이름을 딴 유일한 색이다. 그런가 하면 보라색 합성염료는 원래 담자색mauve으로 불렸다. 색채 전문가들은 이들은 완전히 다르다고 주장한다. 즉 자주색은 좀 더 진하고 붉그스름하며, 보라색은 덜 진하고 푸르스름하다. 담자색은 연한 자줏빛이라는 것이다. 물감 상자에서 이 색들은 파랑과 빨강을 섞어 얻을 수 있고 담자색의 경우 흰색을 조금 집어넣으면 된다. 일상 대화에서는 이들을 서로 바꿔 써도 무방할 때가 많다.

보라를 가리키는 다른 말들?

보라가 현재의 정의를 얻기까지 오랜 세월이 걸렸다. 이는 페니키아의 도시 티레의 이름을 딴 고대의 용어 티리언퍼플Tyrian purple이 가리키는 색이 핏빛 빨강에서 보라색, 연한 파랑에 이르기까지 다양했기 때문이다. 보라색 염료의 생산량은 예측 불가능해서 그때그때 색조가 달라졌다. 게다가 색도 잘 바랬다. 티리언퍼플로 염색했다는 양모 샘플이 베이루트 국립박물관에 전시된 적이 있었는데, 지금은 분홍색이다.
　보라에 대한 정의가 늘어나면서 더 많은 단어가 필요해졌다. 자주, 담자색, 보라 말고도 보라 계열에는 라일락색, 자두색, 자홍색, 암갈색, 가지색, 와인색, 라벤더색, 마젠타색, 짙은 회청색, 붉은색을 띤 청색, 자주색, 연보라색 등이 포함된다.

왕족의 보라

클레오파트라의 바지선barge이 항구로 들어오는 순간 사람들 눈에 맨 처음 띈 것은 보랏빛 돛이었다. 윌리엄 셰익스피어의《안토니우스와 클레오파트라Antony and Cleopatra》2막에서 에노바르부스는 이렇게 말했다.

여왕이 탄 배는 마치 닦아놓은 왕좌같이
물 위에 찬란했소.
고물에는 황금을 두드려 박았고, 돛은 보랏빛.
어찌나 향기롭던지
바람들조차 이 돛에 홀딱 반할 지경이었소.

　셰익스피어는 작품의 필요성에 따라 때로 역사를 왜곡하며 가지고
놀았지만 위의 이 묘사는 정확했다. 클레오파트라의 배는 정말 보라
색 돛을 달고 있었고 향긋한 냄새가 나기도 했던 듯하다. 당시 보라색
은 특히 냄새가 강한 색이었기 때문이다. 오늘날의 자료들은 그녀의
돛만 보라색이었던 것이 아니라 그녀의 궁전에도 보라색 소파와 커튼
이 있었음을 보여준다.

시드누스강에 띄운 바지선에서 자신이 좋
아하는 색에 둘러싸인 클레오파트라. 뒤쪽
으로 보라색 돛을 단 그녀의 배가 보인다.

클레오파트라가 보라색을 처음 사용한 사람은 아니다. 티리언퍼플을 만드는 방법은 약 4천 년 전에 발견된 것으로 추정된다. 그 과정은 BC 1600년으로 거슬러 올라가는 페니키아의 문서에 기록되어 있는데, 이 비법은 페르시아인과 이집트인, 그리스인과 유대인에게로 퍼져 나갔다. 출애굽기 26장 1절은 하느님이 언약의 궤를 보관한 성막을 '가늘게 꼰 베실과 청색 자색 홍색 실로 정교하게 열 폭의 휘장을' 만들어야 한다고 지시했다고 전한다. 또 성경의 마지막 책 묵시록(19:11~12)은 바빌론의 몰락으로 이어지는 아포칼립스에 대해 이야기하면서 상인들이 '고운 모시와 보라색 비단과 진홍빛 천'을 비롯해 그 누구도 그들의 제품을 사려 들지 않아 울게 될 것이라고 예언한다.

그러나 티리인퍼플의 지위를 끌어올리는 데 가장 많이 기여한 깃은 로마인들이었다. 그들은 BC 146년 그리스를 정복해 그 땅을 제국에 병합한 뒤 그리스 사상과 신화, 신들과 패션, 예술과 색을 흡수하기 시작했다. BC 48년 이집트를 방문한 율리우스 카이사르는 그리스어를 쓰는 클레오파트라에게 유혹당했다. 그는 온통 보라색으로 꾸민 그녀의 호화로운 환경에 아주 깊은 인상을 받았고 본국으로 돌아가 지금부터 보라색은 왕족에게만 허용될 것이라고 선포했다. 단, 집정관들은 예외였다. 그전까지 주로 부유한 시민들이 입었던 로마의 토가toga에는 보라색 띠가 달려 있었고, 승리한 군인들은 보라색과 금색을 입을 수 있었으며, 장군들은 보라색 망토를 걸쳤다.

율리우스 카이사르 이후 로마 제국에서 보라색을 둘러싼 법령은 누가 권좌에 오르느냐에 따라 들쭉날쭉 바뀌었다. 이와 관련해 몇몇 황제들은 특히 엄격했지만 그중에서도 자기 자신을 제외하고 아무도 보라를 쓰지 못하게 했던 네로가 가장 압권이었다. 그의 식솔들은 빨간색을 입어야 했다. 이를 어기면 처형의 벌이 따랐다. 하지만 네로의 후계자 가운데 몇몇은 덜 엄격했다. 2세기와 3세기에 들어와 지위가 높은 장군들에 한해 다시 보라색이 허용되었고 귀족 여인들의 경우에는 이보다 훨씬 더 관대해졌다. 역대 황제 가운데 가장 진보적이었던 황제는 284년부터 305년까지 통치했던 디오클레티아누스였다. 그는 시민 모두가 보라색을 입을 수 있도록 허용했지만 단서 조항을 하나 붙였다. 어마어마한 명예세를 물렸던 것이다.

대다수 시민에게 이는 선택이 아니었다. 보라색은 엄청나게 비쌌기 때문이다. 보라색의 가격은 금으로 그 무게의 10배에서 20배에 달했다. 하지만 돈이 있다 해도 티리언퍼플은 독특하게도 생선 냄새가 강

하게 났기 때문에 그 많은 돈을 선뜻 내놓는 사람은 드물었을 것이다.

티리언퍼플 1그램을 생산하려면 바다달팽이라고도 불리는 뿔고둥 1만 2천 마리가 필요했다. 달팽이 수요는 양식으로 해결했지만 처리 과정에 손이 너무 많이 가서 염료는 엄두를 못 낼 만큼 엄청나게 비쌌다. 먼저 달팽이를 으깨 분비선을 노출한 다음 거기서 나오는 귀중한 액체를 받아 양털을 태운 재와 오줌을 섞어 열흘 동안 발효시켰다. 이렇게 해서 만든 염료는 그 상태에서는 무색이지만 공기와 접촉하면 보라색으로 변한다. 하지만 햇빛을 보면 아주 빨리 바래기 때문에 색을 '고정'하는 과정이 필요했다. 흰 천을 담그면 한두 가지 색조의 보라색이 나왔고, 바다달팽이의 종에 따라 때로 분홍색이나 파란색이 나오기도 했다.

티리언퍼플의 주재료인 뿔고둥 또는 바다달팽이.

귀족 출신 역사가 대★ 플리니우스는 《박물지 *Natural History*》에서 티리언색은 빨강과 보라, 짙은 남색에 이르기까지 다양하지만 뭐니 뭐니 해도 '엉긴 피 색깔'일 때가 가장 좋다고 적었다. 염색 솥에서 어떤 색이 나오든 근사해 보였고 쉬이 바래지도 않았지만 냄새가 고약했다. 티레의 염색통들은 썩어가는 조개류와 오줌이 풍기는 지독한 악취 때문에 도시 성곽 밖에 놔두었다. 염색한 천도 불쾌한 냄새가 나기는 마찬가지였다. 플리니우스는 그 냄새를 '역겹다'고 묘사했다.

티리언퍼플은 300년경 중국으로 건너가 그런대로 괜찮은 색 목록에 추가되며 우주의 조화를 상징하게 되었다고 전해진다. 로마 제국이 분열되면서 보라색 생산은 콘스탄티노플로 넘어갔고, 그곳 황제들은 '왕족의 보라'라는 전통을 계속 이어나갔다. 유럽의 왕족들은 그 전통을 따라 그 색을 자신들의 신분에만 국한했다. 예를 들어 샤를마뉴Charlemagne는 티리언퍼플로 염색한 망토를 걸치고 800년에 왕위에 오른 뒤 똑같은 색의 수의를 입고 무덤에 묻혔다.

샤를마뉴가 입었던 수의 중 일부. 황제의 티리언퍼플과 금실을 사용해 카롤링거 제국 설립자의 권세와 위엄을 나타냈다.

사순절 주간에 제단을 보라색으로 치렁치렁 장식하는 이유는 뭘까?

이러한 전통은 예수에게 채찍질을 가하기 전후로 웃음거리 삼아 억지로 보라색 망토를 입히는 장면을 설명하는 복음서에서 유래한다. 이와 관련해 요한복음은 다음과 같이 전한다. "병사들은 가시나무로 왕관을 엮어 예수의 머리에 씌우고 보라색 망토를 입혔다. 그리고 예수 앞에 다가서서 '유대인의 왕, 만세!'라고 소리치며 그의 뺨을 때렸다."

콘스탄티노플이 이슬람의 손에 떨어질 무렵(1453) 보라색 제조법은 유실되었다가 17세기 중반에 와서야 다시 발견되었다. 그사이 (연지벌레 염료로 만든) 빨강이 대신 왕의 색으로 자리 잡은 가운데 남색에 빨간 염료를 섞어 보라를 만들어냈지만 예전의 티리언퍼플만큼 질이 좋지 못했다. 하지만 세계의 다른 지역에서는 더 좋은 재료가 발견되었다. 예를 들어 일본인들은 800년경 지치라는 식물 뿌리에서 추출한 염료를 사용해 기모노를 보라색으로 염색했다.

유럽에서 보라는 계속해서 왕족에게만 국한되었다. 엘리자베스 시대에 보라는 여왕과 그녀의 친척들만 입을 수 있었지만 공작과 백작, 후작도 비록 망토 안감에 한해 보라를 사용할 수 있었다. 17세기 들어 유럽 전역에서 사치 금지법sumptuary laws이 폐지되자 주교와 대학 교수, 박사 학위 소지자를 비롯해 다른 귀족들도 보라를 널리 사용하기 시작했다.

담자색 시대

1856년 18세의 왕립화학대학 화학도였던 윌리엄 헨리 퍼킨은 실험을 해달라는 부탁을 받았다. 당시 런던은 석탄 가스를 동력원으로 사용하는 가로등을 막 설치하고 있었다. 이는 석탄 타르가 가스 생산 과정의 부산물로 풍부하게 공급되었다는 뜻이다. 퍼킨의 임무는 그 가운데 탄화수소가 말라리아 치료제로 쓰일 수 있는지 알아내는 것이었다. 유일하게 사용 가능한 의약품은 키나나무 껍질로 만든 키니네였고, 따라서 실험 목표는 좀 더 값싼 합성물 형태의 키니네를 발견하는 것이었다. 왜냐하면 당시 대영제국의 식민지 중 상당수가 말라리아가 창궐하는 지역에 있었기 때문이다.

퍼킨은 이스트런던의 부모님 아파트 3층에 있는 작은 방을 사용했다. 여러 차례 시도해봤지만 그는 약효가 있을 것처럼 보이는 물질만 분리해내는 데 계속 실패했다. 그가 생산한 것이라고는 가망 없는 쓰레기가 전부였다. 그러고 나서 마지막으로 석탄 아닐린과 크롬산을 섞어봤는데, 플라스크에서 아닐린을 제거하자 뭔가 흥미로운 게 그의 눈에 들어왔다. 거기에 천 조각을 담갔더니 자주색이 나왔다. 세월이 한

참 흘러 그는 그때를 이렇게 기억했다. "용액은 기묘하게도 아름다운 색을 띠었다." 며칠이 지나도 그 색은 전혀 바래지 않고 그대로 있었다. 퍼킨에게 유레카의 순간이 왔던 것이다. 역사적 사실을 존중해 퍼킨은 그 색을 처음엔 '티리언퍼플'로 명명했지만 좀 더 생각해보고 나서 '담자색mauve'에 '아닐린aniline'을 결합해 '모베인mauveine'으로 결정했다. 1857년 그는 자신이 만든 보라색 합성염료로 특허를 냈다.

1년 만에 퍼킨의 모베인은 대량생산에 들어갔다. 모베인은 무엇보다 값싸고 효과적인 합성염료였다. 그 인기는 엄청나서 곧 전 세계로 퍼져나갔다. 1859년 잡지 〈펀치Punch〉는 이를 '모브 홍역Mauve Measles'에 빗댔다(공교롭게도 당시 이 발음은 '콧물'을 뜻하는 'morve'와 같았다). 이듬해 앨버트 공이 사망하자 빅토리아 여왕은 담자색 상복을 입고 나타났고, 그 후 그녀의 신하들이 자신들도 같은 옷을 입어야 한다고 생각하면서 담자색은 장례식 옷 색깔로 자리 잡았다.

퍼킨이 만든 담자색 염료. 병에는 이렇게 적혀 있다. "윌리엄 퍼킨 경이 1856년에 만든 원조 모베인."

빅토리아 재임기 후반에 이르러 보라의 유행이 절정에 달하자 상류층 여성들은 앞다퉈 보라를 입어 가문의 힘을 과시했다. 도도하고 키가 훤칠한(6피트) 시카고 태생의 메리 빅토리아 라이터는 그중에서도 정도가 가장 심했다. 나중에 인도 총독부인이자 커즌 남작부인(역사극 〈다운튼 애비Downton Abbey〉의 등장인물 그랜섬 부인의 모델이라는 이야기가 들린다)이 되는 빅토리아는 이 색에 극도로 집착해 드레스도, 외투도, 식탁보도, 집 안의 꽃도 모조리 이 색을 선택했다. 심지어 그녀는 집안의 사탕도 보랏빛으로 포장해야 한다고 주장하기까지 했다.

몇십 년 만에 2천여 종의 합성염료가 시장에 등장했다. 그 가운데 마젠타, 알리자린레드, 합성 인디고 등 몇몇 제품은 석탄을 사용했다. 퍼킨의 성공에 힘입어 화학 회사들은 석탄 타르의 아닐린 성분에서 뭔가 다른 걸 찾아낼 수 있지 않을까 싶어 달려들었고, 그 과정에서 수많은 합성염료뿐만 아니라 사카린, 비료, 향수, 의약품, 폭약, 식품 방부제가 발견되었다. 1874년 퍼킨은 36세의 나이에 부자로 은퇴했다.

보랏빛 시대

계절이 바뀔 때마다 새로운 색이 나타나 패션계를 지배한다. 우리 중 대부분은 그 많은 색이 어디서 오는지 짐작조차 못하지만 가게들은 서로 손발이 척척 맞는 듯하다. 그런데 이는 우연의 일치가 아니다. 사실 색은 이미 2년 전에 결정된다. 그렇다면 어떻게 그런 일이 가능할까?

1915년 백화점이 처음 문을 열기 시작했을 때 몇몇 미국 직물 제조업자들은 각각의 직물에 적합한 색을 알고 싶어했다. 그래서 함께 모여 미국색협회(The Color Association of the United States, CAUS)를 설립하고는 계절에 맞는 색에 대한 권고를 내놓기 시작했다.

1세기가 더 지난 지금도 CAUS는 여전히 건재하다. 그동안 CAUS는 다른 나라들에서도 똑같은 조직이 생겨나는 데 기여했으며, 패션쇼용 디자인에서부터 가게에 내걸리는 기성복에 이르기까지 패션 산업은 물론 화장품 산업이 선택하는 계절별 색깔에 지대한 영향을 미친다. 여기까지만 놓고 보면 이방인이 보기에는 이 단체의 수명이 매우 짧을 거라는 생각이 들지도 모르겠다. 이에 대해 CAUS의 색채 동향 책임

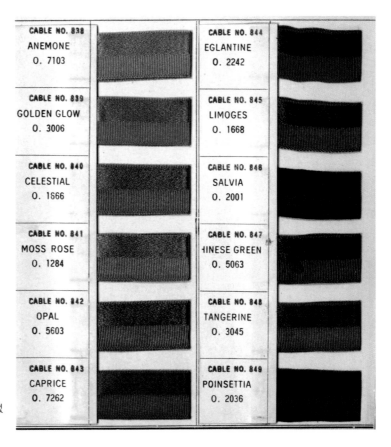

CABLE NO. 838	CABLE NO. 844
ANEMONE O. 7103	EGLANTINE O. 2242
CABLE NO. 839 GOLDEN GLOW O. 3006	CABLE NO. 845 LIMOGES O. 1668
CABLE NO. 840 CELESTIAL O. 1666	CABLE NO. 846 SALVIA O. 2001
CABLE NO. 841 MOSS ROSE O. 1284	CABLE NO. 847 HINESE GREEN O. 5063
CABLE NO. 842 OPAL O. 5603	CABLE NO. 848 TANGERINE O. 3045
CABLE NO. 843 CAPRICE O. 7262	CABLE NO. 849 POINSETTIA O. 2036

1922년 가을 시즌의 색을 음영별로 빠짐없이 보여주는 CAUS의 색상표.

자 로지애너 로버츠는 잡지 〈타임Time〉과의 인터뷰에서 이렇게 말했다. "우리는 사회 분위기나 시대정신을 포착해내기 위해 정말 많이 노력합니다." 그녀는 또 이렇게 덧붙였다. "건축과 영화에서 올림픽이나 선거 같은 굵직한 행사, 심지어는 파란을 일으킬 것으로 평가되는 개인에 이르기까지… 우리 위원회 회원들은 길에서 마주친 돌멩이 하나, 천 조각 하나, 꽃 한 송이, 양념 하나 등 색을 띠고 있는 것이라면 뭐든 관심을 가지고 유심히 봅니다."

CAUS는 최소한 2년 앞서 내다보면서 삶의 모든 측면에서 반향을 일으킬 것으로 생각되는 경향을 활용한다. CAUS는 위원회 회원들(구매자, 제조업자, 디자이너)에게 유행하고 있는 색에 대한 연구 결과를 수집해오게 한다. 그들은 색상 카드를 구성하는 염료의 추이를 파악해 그 결과를 해당 계절보다 최소한 18개월 앞서 회원들에게 배포한다. 몇몇 색은 몇 년 만에 압도적으로 우위를 점하다가 그다음 계절에는 사라지고 만다. 그런가 하면 또 어떤 색은 눈길을 확 사로잡으면서 그 영향력이 좀 더 오래 지속되는데, 아마도 그 이유는 시대정신을 거의 완벽하게 짚어내기 때문인 듯하다. 이 이야기는 보라와 관련이 있다.

이 색이 문화의 한복판으로 밀고 들어온 것이 정확히 언제라고 단정 짓기는 어렵지만, 1967년 헤이트-애시버리 주변과 샌프란시스코를 휩쓸었던 '사랑의 여름' 때가 아니었나 싶다. '히피hippie'와 '플라워 파워 flower power'라는 단어가 사전에 등재된 것도 바로 이때였다. LSD와 환각제를 털어넣고, 축제에서 애시드 록과 얼터너티브 뮤직을 듣고, 베트남전에 반대하고, 기성 패션과 가치, 도덕을 밀리하면서 작가 팀 리어리Tim Leary가 쓴 대로 "도취하라, 어울려라, 일탈하라"는 생각을 제대로 읽어낸 것이다. 이는 스콧 매켄지Scott Mckenzie의 1967년 노래 〈샌프란시스코San Francisco〉가 포착해낸 정신이기도 했다. 여기서 그는 '머리에 꽃을 꽂은 온화한 사람들'에 대해 이야기한다. 매체가 그 이야기를 다루기 시작하면서 '사랑의 여름'의 메시지는 급속하게 확산되었다.

색채 동향에 민감한 사람이라면 이 모두에서 보라가 넘쳐났다는 사실을 금방 눈치챘을 것이다. 머리에 꽂은 보랏빛 꽃, 보랏빛 평화 사인과 사랑의 사인 같은 각종 모티브, 보랏빛으로 홀치기 염색한 옛날 할머니 조끼와 블라우스와 탑 등등. 곧이어 파리, 런던, 베를린, 도쿄, 스톡홀름을 비롯해 전 세계 젊은이들이 보라를 입었다. 지미 헨드릭스는 안개가 정신을 혼미하게 하고 있다는 가사로 끝나는 몽환적인 분위기의 〈퍼플 헤이즈Purple Haze〉라는 노래로 이 새로운 의미들을 흡수했다.

당연히 패션 산업은 그러한 동향을 그야말로 활발하게 받아들였고 60년대 말에 접어들어 양성용 보라색 의류가 대량으로 생산되기 시작

보라는 1967년 '사랑의 여름'에 절정을 이루었다. 당시 보라는 시대정신을 포착하며 히피 운동의 색으로 떠올랐다.

했다. 그리하여 이 한 색이 역사의 귀중한 몇 년을 정의하기에 이르렀다. 흰색 정장과 중절모 차림으로 글을 쓰면서 시대 가치를 신랄하게 비판하는 것으로 유명한 톰 울프Tom Wolfe는 이 시기를 '보랏빛 시대the purple decade'라고 명명하며 같은 제목의 책을 출간했지만, 폭탄처럼 작열하며 1960년대 후반과 1970년대 초반의 몇 년을 사로잡았던 보랏빛 유행은 그 뒤 빠르게 사그라들었다.

헤로인 중독과 마약 과다 복용, 제니스 조플린, 지미 헨드릭스, 짐 모리슨의 죽음, 롤링 스톤스의 알타몬트 공연 도중 발생한 폭주족에 의한 흑인 관객 사망 사건, 맨슨 패밀리의 살인극, 미국·독일·이탈리아에서 발생한 극좌 테러리즘 등 이 모두가 히피 시대는 끝났으며 곧이어 보라는 구식으로 전락할 것이라는 인식에 기여했지만 그 영향력의 일부는 여전히 남아 있었다.

예를 들어 1968년 영국의 한 프로그레시브 록 밴드가 차 위로 뛰어올라 자신들은 딥 퍼플이라고 외쳤지만 레드 제플린의 위세에 곧 굴복하고는 헤비메탈 밴드로 변신했다. 거들먹거리며 포즈를 취하고 머리 모양에 무척이나 신경 썼던 70년대의 시대정신에 좀 더 걸맞은 모습이었다. 하지만 보랏빛 음악에 대한 영향력은 완전히 사라지지 않았다. 장엄한 순간이 마지막으로 한 차례 더 남아 있었다. 기타의 거장 헨드릭스가 죽은 지 15년 뒤 그의 후계자라는 말이 돌기도 했던 프린스Prince가 온통 보라색 차림으로 〈퍼플 레인Purple Rain〉(싱글 앨범이자 영화)을 들고 나타나 80년대의 좀 더 어두워진 보랏빛 열풍을 일으켰던 것이다.

보라색 빗속에서의 항의

프린스의 히트곡이 나오고 나서 5년 뒤 남아프리카공화국의 아파르트헤이트 경찰은 (영국 경찰이 북아일랜드의 항의 집회를 진압하면서 맨 처음 사용했던) 보라색 비에 고무받아 한 가지 아이디어를 생각해냈다. 그들은 물대포용 물에 오래 지속되는 보라색 염료를 집어넣고 시위자들과 맞닥뜨리면 살포할 생각으로 이를 장갑차에 탑재하기로 했다. 옷과 얼굴에 보라색이 묻은 사람들은 재판 없이도 바로 구금할 수 있었기 때문이다.

1989년 9월 2일 마침내 그들에게 큰 기회가 왔다. 케이프타운에서 시위대가 다가오는 분리 의회 선거에 백인들만 참여하는 것에 항의해 가두행진을 벌이고 있었던 것이다. 경찰이 행진을 금지하자 시위대는 연좌 농성에 들어가 곤봉 공격과 최루 가스, '샘복'(경찰 채찍)을 동원한 매질에도 끄떡하지 않았다.

경찰은 물대포를 가져다 시위대에게 조준했다. 도망치지 못한 사람들은 무릎을 꿇고 거센 물줄기를 고스란히 견뎌냈다. 그 와중에 의사 아들인 한 용감한 학생이 경찰차 위로 올라가 물대포 주둥이를 여당인 국민당 당사 쪽으로 맞춰놓았다. 당사 건물이 보라색 염료로 뒤덮이자 시위자들은 보라색 비를 맞으며 크게 웃기 시작했다.

경찰은 ANC(아프리카민족회의)가 1955년에 채택한 '자유 헌장'의 "국민이 통치해야 한다"는 유명한 남아프리카공화국 슬로건이 적힌 현수막을 들고 있던 사람들을 비롯해 온통 보라색으로 물든 시위자 수백 명을 현장에서 체포했다. 그날 늦게 길거리 낙서 예술가들이 '보라색 빗속에서의 항의The Purple Rain protest'로 알려지게 되는 주제로 작업에 들어가 기차역 한곳에 다음과 같은 글귀를 분사해 써넣었다. "우리의 지도자들을 석방하고, ANC에 대한 규제를 풀고, 보라색 국민의 힘을 인정하라." 그 뒤 도시 그린마켓 광장의 올드타운하우스 벽에 "보라색이 통치해야 한다"는 슬로건이 대문짝만 하게 모습을 드러냈다. 6개월 뒤 ANC와 기타 단체에 대한 규제가 풀렸고, 넬슨 만델라도 감옥에서 풀려났다.

그러나 아파르트헤이트 경찰의 보라색 계획은 몇몇 다른 나라 경찰

산문이 때로 보라색('purple'에는 '미사여구로 된 글'이라는 뜻도 있다-옮긴이)인 이유는 뭘까?

지나치게 거침없고 화려한 글과 보라색의 연관성은 호라티우스로 거슬러 올라간다. 《시의 기술The Art of Poetry》에서 그는 다음과 같이 썼다. "묵직한 도입부와 위풍당당한 선언은 종종 다이애나의 과수원과 그녀의 제단, 아름다운 들판이나 라인강을 구불거리며 바삐 지나가는 개울 또는 무지개를 묘사할 때처럼 저 멀리까지 드넓게 비추는 한두 개의 보랏빛 조각purple patches을 보태게 해준다. 여기에 다른 것들이 들어설 자리는 없다." 오늘날 이 표현은 지나치게 복잡하거나 화려하거나 정도가 지나친 글, 즉 식상한 형용사와 부사, 직유와 은유 등 애쓰는 글을 가리킨다.

의 관심을 받으면서 생각보다 오래갔다. 2008년 인도 스리나가르시 경찰은 보라색 염료를 사용해 임금 인상을 요구하며 시위를 벌이는 공무원들에게 뿌려댔다. 그런 식으로 표시해뒀다가 나중에 체포할 생각에서였다. 하지만 가게 주인과 인력거꾼, 기자들도 대포에서 쏘아대는 염료에 맞았다.

2011년 우간다 캄팔라시 경찰은 보라색 염료 물대포를 사용해 요웨리 무세베니Yoweri Museveni 대통령의 독재 정권에 반대해 시위를 벌이는 야당 지도자들에게 분사했다.

인도네시아와 대한민국 경찰은 동일한 목적으로 분홍색 염료를 사용했으며, 이스라엘 경찰은 보라색과 파란색 염료를 사용해 가자 서안 지구와 이스라엘에서 시위를 벌이는 팔레스타인과 이스라엘 사람들에게 분사하고 있다.

파란색은 방글라데시 경찰이 다카 시내의 시위를 진압하면서 사용한 색이기도 하다. 2006년 헝가리 경찰은 초록색 염료를 사용해 부다페스트의 시위자들에게 분사했으며, 2년 뒤 대한민국 경찰은 미국 대통령 조지 W. 부시의 서울 방문을 반대하는 시위자들에게 주황색 염료를 사용했다.

항의하는 정부 공무원들에게 유색 물을 쏘아대는 인도 경찰. 법 집행에 보라색 염료를 사용하는 사례 중 하나이다.

분홍PINK

분홍은 새로운 색이다. 상대적으로 그렇다는 말이다. 자연에는 분홍 색소가 없으며 역사의 대부분을 통틀어 우리가 현재 분홍으로 부르는 색조 계열은 따로 이름이 없었다. 파란색 계열의 연한 파랑처럼 분홍은 그저 연한 빨강이었을 뿐이다.

17세기와 18세기에 들어와 회화, 도자기, 의류 분야에서 분홍의 인기가 증가하기 시작했다. 특히 프랑스에서 그랬는데, 이곳에선 분홍을 '로즈rose/roze' 또는 '로즈 퐁파두르rose Pompadour'라고 불렀다. 왕의 애첩 퐁파두르가 그 색을 유난히 사랑했기 때문이다. 대부분의 유럽 언어에서 분홍이라는 색은 장미에서 유래한다. 스페인어, 독일어, 이탈리아어, 노르웨이어, 스웨덴어로는 'rosa', 네덜란드어로는 'roze', 루마니아어로는 'roz', 포루투갈어로는 'rosa', 폴란드어로는 'różowy', 체코어로는 'růžový', 크로아티아어로는 'ružičasta'이다. 세계 몇몇 지역에서는 장밋빛 또는 분홍의 사용이 훨씬 오랜 역사를 지닌다. 중국과 일본의 도자기와 인도의 직물에서 그랬다. 하지만 분홍과 관련된 오늘날의 문화적 함의는 생겨난 지 그리 오래되지 않았다.

영어로 '분홍pink'이라는 말은 원래 백악으로 밝기를 더한 노랑을 뜻했다. 여우 사냥에 관심이 없다면 진한 빨강을 가리킬 수도 있다. 이 말은 또 주름 장식이 있는 가장자리를 묘사하는 데 사용되었던 용어이기도 하다. 끝을 지그재그로 자르는 가위를 '핑킹가위pinking shears'라고 부르는 이유는 이 때문이며, 오늘날의 분홍이 탄생하게 된 것도 이 경로를 통해서였다. 연한 빨강 패랭이꽃이나 카네이션은 끄트머리를 핑킹가위로 다듬은 것처럼 보이는 꽃잎 때문에 '분홍'으로 알려졌으며, 이러한 우회로를 거쳐 17세기 말에 접어들면 '분홍'이라는 말이 연한 빨강과 연관되면서 하나의 색으로 자리 잡는다.

오늘날 분홍은 어린 소녀들의 장난감, 요정 드레스, 신발, 여성들의 차와 전화기 등 여성적 방향으로 기울어 있다. 또 유방암 캠페인의 색이기도 하다. 그런가 하면 분홍은 나치가 남성 동성애자들에게 낙인을 찍기 위해 사용했던 역삼각형의 색깔이기도 하다. 그때 이후로 분홍이 당당한 동성애자의 상징 중 하나로 다시 자리매김되고 있는 이유도 이 때문이다. 한편 일본에서는 '핑크 필름pink film'이 가벼운 포르노를 가리키는 용어로 자리 잡았다. 때로 분홍의 의미는 상황에 따라 달라진다. 밝은 마젠타 핑크와 검정이 한데 섞이면 흰색 점이 있는 연한 분홍에 비해 좀 더 선정적인 의미를 띤다. 하지만 이 중 어느 것도 고유한 색이 아니다. 모르긴 해도 짧은 시간 안에 분홍만큼 그 의미가 많이 바뀐 색도 없지 않을까 싶다.

1970년대 후반에는 동성애자의 권리를 촉구하는 운동의 상징으로 분홍색 역삼각형이 채택되었다. 이로써 나치 강제 수용소의 남성 동성애자 수감자들이 착용했던 분홍색 역삼각형 배지는 점차 복권되기 시작했다. 이 역삼각형은 나치에 희생당한 동성애자들을 기리는 추모비에도 사용되고 있다.

분홍색 돈pink money이란 과연 뭘까?

도로시 달러로도 알려진 핑크 달러와 핑크 파운드는 동성애자 사회의 시장 구매력을 가리키는 용어이다. 택시, 항공사, 나이트클럽, 식당, 결혼식 서비스, 출판, 음악, 화장품 회사, 심지어 건설사와 배관업체를 비롯해 많은 사업체들이 동성애자 전용이라고 광고하면서 동성애자를 고객층으로 끌어들이고 있다. 동성애자의 연간 구매력은 2012년 기준 미국에서만 2조 달러로 집계되는 등 큰 폭의 성장세를 보여왔다.

남자아이들을 위한 분홍

뉴캐슬어폰타인대학교 진화심리학자와 신경과학자 팀은 2007년 다소 괴상한 프로젝트에 착수했다. 그들은 자연선택을 통해 분홍을 선호하는 여성과 파랑을 선호하는 남성으로 진화했다는 개념에서 출발했다. 그들은 영국 학생 208명과 부분군을 이루는 중국 학생 37명에게 여러 가지 색을 보여주고 마우스를 클릭해 그중 가장 좋아하는 색을 고르라고 주문하는 방법으로 실험을 진행했다. 그런데 약간 놀랍게도 세계 다른 지역의 이전 연구들에서도 그랬듯이 남학생뿐만 아니라 여학생이 가장 좋아하는 색도 파랑이었다. 이는 파랑이 남녀 공히 가장 좋아하는 색이라는 점을 다시 한 번 보여준다. 하지만 연구진에게는 다행스럽게도 여학생들은 남학생에 비해 분홍을 좀 더 좋아했다.

연구진은 분홍에 대한 선호가 생물학적인 진화의 결과라고 결론 내리고 소급 적용되는 해결책을 내놓았다. 파랑에 대한 선호의 기원과 관련해 연구진을 이끈 안야 헐버트Anya Hurlbert 박사는 이렇게 말했다. "사바나 시절로 되돌아간다면 우리는 자연스레 파란 하늘에 끌릴 겁니다. 파란 하늘은 곧 좋은 날씨를 뜻했기 때문이지요. 투명한 파랑은 또한 좋은 수원을 뜻하기도 합니다." 하지만 중심 주제인 여성의 분홍에 대한 선호에 대해서는 이렇게 설명했다. "그 답은 인간이 수렵-채집 생활을 하던 시절에서 찾아야 할지도 모릅니다. 당시 여성은 주로 채집 활동을 했고 따라서 빨갛게 잘 익은 과일을 찾아내는 능력이 중요했을 겁니다." 박사는 빨강을 좋아하는 특징을 유발하는 임의적 유전자 변이가 적어도 이론상으로는 가능하다는 점은 둘째치고 빨갛게 잘 익은 과일을 좋아하는 것이 분홍에 대한 선호와 어떤 관계가 있는지, 다시 말해 그와 같은 특징이 유전자가 정상인 사람들의 선택적 진화에 어떤 영향을 미쳤는지에 대해서는 설명하지 않았다.

이러한 한계점에도 불구하고 전 세계의 언론 매체들은 연구진의 결론을 앞다퉈 받아들였다. 〈타임스〉는 '과학, 남자아이는 파랑을 좋아하고 여자아이는 분홍이라면 사족을 못 쓰는 이유를 드디어 밝혀내다'라는 제목의 기사를 뽑았고, 아무도 그 기사 내용에 이의를 제기하지 않았다. "아들에게는 파란색을 입히고 딸에게는 분홍색을 입히는 부모들이 이제부터는 전통이 아니라 저 깊이 자리한 진화의 본능을 따를 가능성이 높다." 또 잡지 〈타임〉은 "여성은 생물학적으로 분홍색을 좋아

〈분홍색 옷을 입은 소년The Pink Boy〉(토머스 게인즈버러, 1782)과 〈분홍색 세일러복을 입은 소년의 초상화Portrait of a Pink Boy in a Sailor Suit〉(자크 에밀 블랑슈, 20세기 초)를 보면 20세기의 반대 경향이 나타나기 전까지 남자아이에게 분홍색 옷을 입히는 것이 널리 받아들여지고 있었음을 알 수 있다.

하도록 프로그램화되었을지도 모른다"고 주장했다.

하지만 벤 골드에이커Ben Goldacre는 〈가디언Guardian〉에 기고하는 '배드 사이언스Bad Science'라는 칼럼에서 문제의 실험이 빨강의 서로 다른 음영을 식별하는 능력보다 선호도를 측정하도록 고안되었다는 점에 주목했다. 이는 다시 말해 실험이 아전인수격 결과를 제시했을지도 모른다는 얘기다. 그와 다른 몇몇 회의론자들이 깊이 파본 결과 문서 보관소에서 좀 더 결정적인 판단의 근거가 나왔다. 결국 여자아이들의 분홍 선호 취향은 실은 매우 최근의 현상이었을 뿐이다.

예를 들어 1897년으로 되돌아가 〈뉴욕타임스〉는 〈아기의 첫 번째 옷Baby's First Wardrobe〉이라는 기사에서 다음과 같이 충고했다. "분홍은 대개 남자아이의 색으로, 파랑은 여자아이의 색으로 간주되지만 어머니들은 그 문제에서 자신의 취향을 따르면 된다."

17년 뒤 〈아메리칸 선데이 센티널American Sunday Sentinel〉은 이보다 좀 더 단호한 어조로 어머니들에게 "기존의 전통에 따르고 싶다면 남아에게는 분홍을, 여아에게는 파랑을 입히라"고 충고했다. 비단 미국에서만 그랬던 것은 아니다. 1918년 〈브리티시 레이디즈 홈 저널British Ladies' Home Journal〉은 다음과 같은 내용을 실었다. "일반적으로 널리 받아들여지는 통념에 따르면 남자아이에게는 분홍이, 여자아이에게는 파랑이 좋다. 분홍은 좀 더 분명하고 강해 보이는 색으로 남자아이에게 더 잘 어울리지만 파랑은 좀 더 섬세하고 얌전해 보여 여자아이한테 더 잘 어울리기 때문이다."

이 당시 분홍을 남성적으로 보았던 이유 중 하나는 빨간 피와의 연관성 때문이다. 이 남자다운 색에서 나온 밝고 옅은 색은 당연히 소년들의 색이었다. 인도를 비롯해 다른 나라들에서는 좀 더 대담한 분홍이 소년들뿐만 아니라 성인 남성에게도 강한 남성적 함의를 지니고 있었다.

1927년 아동 의류를 생산하는 미국 회사들 사이에서 색을 둘러싸고 작은 충돌이 있었다. 뉴욕과 로스앤젤레스의 제조업자들은 분홍을 소년들의 색으로 밀었지만 시카고와 필라델피아, 뉴올리언스의 제조업자들은 이를 소녀들의 색으로 선전했다. 아기와 아이들의 경우 분홍과 옅은 파랑은 대체로 교체 사용이 가능했다. 때로 금발에 파란 눈의 아이가 파랑을 입고 갈색 머리의 아이가 분홍을 입기도 했으며, 1950년대까지만 해도 남아용 분홍색 옷은 미국에서 여전히 널리 생산되고 있었다. 분홍색 옷은 특히 봄철에 많이 나갔는데, 그 이유는 활기차고 생동감 있으면서 앳돼 보이는 색이었기 때문이다.

자신이 운영하는 두 곳의 사업체 앞에서 1950년형 분홍색 캐딜락에 기대 서 있는 권투 선수 슈거 레이 로빈슨.

소녀복 마케팅은 1950년대부터 분홍 쪽으로 심하게 기울기 시작했다.

많은 사람들에게 세월을 뛰어넘는 최고의 복서로 평가받는 슈거 레이 로빈슨Sugar Ray Robinson은 1946년 여섯 개의 세계 타이틀 중 첫 번째 타이틀을 거머쥐고 수많은 캐딜락 중 첫 번째 캐딜락을 구입하는 것으로 자축했다. 그런데 그가 선택한 색깔은 분홍이었다. 슈거 레이는 남자들뿐만 아니라 자기 여자들도 때리는 폭력적인 남자였다. 비록 링에서이긴 했지만 언젠가 그는 사람을 죽인 적도 있고 도전자 가운데 108명을 때려눕혔지만 밝은 분홍을 선택한 그의 이색적 취향에 그 누구도 눈 하나 깜짝하지 않았다.

하지만 1960년대 들어서도 그가 계속 분홍색 캐딜락을 사들이자 여기저기서 비웃는 소리가 들려왔다. 그 무렵부터 분홍은 주로 광고의 영향을 받아 여성의 색, 심지어는 여성다운 색으로 재정의되고 있었기 때문이다.

2차 세계대전 기간에는 칙칙해 보이는 옷과 차, 가구가 우세했지만 전쟁이 끝나자 광고업자들은 밝은 색을 밀어 전후의 낙관주의를 십분 활용하려 들었고, 그 결과 1950년대는 미국에서 '분홍의 시대'였다. 이번에 분홍은 오로지 소녀와 여성들의 방향으로 키를 잡았다. 그 이유는 그저 1930년대 이후로 그런 경향이 있었기 때문일 것이다.

홍학은 왜 분홍색일까?

한때 사람들은 분홍이 홍학에게 선택적 이점을 주기 때문에 그렇게 진화했다고 생각했다. 사실 홍학의 몸 색깔은 전적으로 먹이와 관계가 있다. 홍학은 브라인슈림프와 갑각류를 먹는데, 이런 먹이에는 불그스름한 색소 성분인 카로티노이드가 풍부하게 들어 있다.

쇼킹 핑크

1937년 초현실주의 디자이너 엘사 스키아파렐리Elsa Schiaparelli는 (여배우 메이 웨스트Mae West를 모델로 하여 만들었다는) 여체처럼 생긴 병에 향수를 담아 판매하기 시작했다. 향수는 그녀가 '쇼킹 핑크Shocking Pink'라고 명명한 못 보던 색조의 상자에 들어 있었다. 그녀는 사교계 친구 데이지 펠로즈Daisy Fellowes가 끼고 있던 분홍색 다이아몬드에서 아이디어를 얻어 그 색을 '밝고, 불가능하고, 뻔뻔하고, 적절하고, 생동감 있고… 쇼킹한 색'이라고 표현했다.

스키아파렐리는 자신의 창조물에 '쇼킹'이라는 이름을 붙였고, 곧이어 그 제품은 '최초의 섹스 향수'로 알려졌다. 이러한 별명은 그 색깔과 곡선형 병과 특별한 향기에 대한 찬사인 셈이었다. '쇼킹 핑크'는 여성용 잡지 제목이 된 뒤 어떤 면에서는 여성의 질과 동의어로 변신했다.

분홍과 여성용 제품과의 연관성이 확립되면서 여성다움에 대한 인식도 바뀌었다. 에이본 코스메틱Avon Cosmetics이 분홍 립스틱과 매니큐어를 출시했고, 영화배우들도 분홍색을 입기 시작했다. 잡지 〈마드무아젤Mademoiselle〉은 표지에 온통 분홍색 사무복 차림의 여성을 등장시켰으며, 틴 페이지 패션Teen Paige Fashions은 분홍색 파티 드레스를 선보였다. 닷지Dodge는 1955년 "이보다 더 여성스러운 차는 없다. … 오로지 여성만을 위해 만든 최초의 고급 자동차!"라는 광고 문구 아래 (립스틱 용기와 분홍 우산으로 마무리한) 분홍과 흰색의 '라 팜La Femme' 모델을 출시했다.

곧이어 이러한 분위기는 오드리 헵번의 뮤지컬 〈퍼니 페이스Funny Face〉에 나오는 〈싱크 핑크!Think Pink!〉, 〈핑크 샴페인Pink Champagne〉, 〈체리 핑크 앤드 애플 블러섬 화이트Cherry Pink and Apple Bloosom White〉,

1950년대와 1960년대 들어 에이본처럼 브랜드 인지도가 높은 제조업체들이 여성용 제품의 색으로 분홍을 적극 밀면서 분홍색 광고는 어디서나 눈에 띄었다. 이러한 추세는 닷지가 여성 전용의 분홍색 차량을 출시하면서 자동차 산업으로까지 확대되었다.

사회주의자를 '빨갱이Pinko'라고 부르는 이유는 뭘까?

이 용어는 사회주의자들은 색으로 치면 물 빠진 빨강과 같다는 생각에서 일종의 조롱으로 시작되었다. 기원은 소련의 공산주의에 동조하지만 그와 관련해 아무것도 하지 않는 '분홍색 응접실parlour-pink' 사회주의자를 언급한 잡지 〈타임〉의 1925년 기사로 거슬러 올라간다. 오늘날의 동의어는 '부유한 사회주의자champagne socialist'쯤이 될 듯싶다.

Shocking de Schiaparelli

choose AVON cosmetics — in your own home

Welcome your Avon Representative, she brings a world of beauty to your home—superb cosmetics, beautifully packaged and prepared by beauty experts. This personal and exclusive service, backed by Avon's reputation for quality since 1886, have made Avon the world's largest cosmetic company.

Every purchase guaranteed, and delivered personally by your Avon Representative — and more are joining Avon every day!

AVON cosmetics
LONDON   NEW YORK

AVAILABLE ONLY THROUGH YOUR AVON REPRESENTATIVE, WHO CALLS AT YOUR HOME
AVON COSMETICS LTD. 64 BAKER ST. LONDON W1   TEL: WELBECK 0986

미국 화장품 회사 엘리자베스 아덴Elizabeth Arden이 한 잡지에 게재한 '분홍의 완성Pink Perfection'이라는 제목의 광고로 여성 시장을 대상으로 분홍 립스틱과 매니큐어를 광고하고 있다(왼쪽). 1960년대의 분홍색 광고는 독자들에게 '분홍은 여성스럽다'는 말을 분명히 전달하면서 분홍과 여성성의 연관관계를 계속 강조했다(아래 왼쪽과 오른쪽).

〈핑크 캐딜락Pink Cadillac〉, 〈핑크 시폰Pink Chiffon〉, 〈어 터치 오브 핑크
A Touch of Pink〉 등과 같은 1950년대 노래들의 인기에 힘입어 대중의 의
식 속으로 파고들었다. 벨기에와 스위스 같은 몇몇 나라에서는 변화가
좀 더 점진적으로 일어나 1980년대 후반까지도 파랑과 분홍을 여전히
남아와 여아 모두에게 적용했고, 때로 성별을 구분하지 않고 파랑과 분
홍이 섞인 옷을 같이 입히기도 했다.

이 모든 점으로 미루어볼 때 오늘날 분홍에 대한 여성의 선호는 유
전자가 아니라 문화와 관계가 깊다는 것을 알 수 있다. 그러나 분홍은
기본적으로 소녀 취향이라는 개념을 떨쳐내기란 어렵다. 왜 그럴까?
답은 여자아이든 남자아이든 생후 6개월부터 겪게 되는 자의식의 발
전 과정과 관련 있을지도 모른다. 처음부터 여자 아기들은 분홍으로,
남자 아기들은 파랑으로 감싸인다. 두 돌이 채 지나지 않아 자신의 성
을 인식하게 될 무렵부터 여자아이들은 자신의 여성성을 분홍과 연관
짓기 시작하며, 자랄수록 강화되는 이런 취향은 자연스럽게 느껴진다.

지난 몇십 년 동안 미국, 영국, 오스트레일리아, 프랑스, 독일, 스칸
디나비아 및 기타 국가들의 여성운동가들은 아이들 장난감을 분홍과
파랑 범주를 나눠 인형, 소꿉놀이 세트, 요정 치마는 여아용으로, 집짓
기용 블록과 공룡, 공은 남아용으로 구분하는 관행에 반대하는 캠페인
을 벌여왔다. 한 가지 문제는 분홍과 여성성의 연결 고리를 어떻게 깨
뜨릴 것인가 하는 점이다. 그 고리가 문화 곳곳에 도사리고 있다는 점
을 감안할 때 쉬운 일이 아닌 것만은 분명하다.

분홍세Pink Tax

이는 2014년 프랑스 여성부 장관이 비유적으로 "분홍이 화려한 색인가요?"
라고 물으면서 생겨난 표현이다. 그동안 여성용 분홍 면도기가 남성용 면도
기 가격의 두 배 넘는 가격에 팔리고 있다는 보고가 심심찮게 있어 왔다. 전
세계 여성들이 똑같은 제품과 서비스에 남성보다 더 많은 돈을 지불하고 있
다는 사실이 드러나면서 '분홍세'라는 용어는 마치 바이러스처럼 번져나갔
다. 예를 들어 영국의 한 연구에 따르면 여성들은 깃과 소맷단 드라이클리
닝 서비스에 남성의 두 배를 지불하는 것으로 나타났다. 이 밖에 여성은 자
동차 수리, 머리 손질, 속옷과 기타 다양한 제품과 서비스에 더 많은 돈을 지
불하고 있다는 보고도 있다.

프리즌 핑크

조 아파이오Joe Arpaio는 자신을 따라다니는 '미국에서 가장 거친 보안관'이라는 명성을 즐긴다. 그는 죄수들을 무슨 굴비 엮듯 사슬로 함께 묶어, 언젠가 한낮에 재봤더니 기온이 섭씨 60도가 넘는 텐트에서 재우고 하루에 두 끼만 주면서 음식값을 받아 챙겼던 것으로 유명하다.

수감자들에게 절대 곁을 내주지 않는다는 것이 그의 철학이다. 따라서 죄수들이 형기를 마치고 나갈 때 하얀 속옷을 '훔친다'는 사실을 알았을 때 이를 납세자들에 대한 공격으로 규정하고는 속옷 해결책을 내놓았다. "좋은 생각이 떠올랐어요, 분홍은 안 된다는 법이라도 있습니까?" 그는 의기양양하게 이렇게 말했다.

아파이오 생각에 분홍은 여성의 색이며, 그런 만큼 거친 남성 수감자들이 감옥을 나갈 때 분홍색 속옷을 훔치려 들지는 않을 것이라는 논리였다. 1년 뒤 그는 그 계획이 성공했다고 결론지었다. 그 무렵 분홍 양말과 기타 품목들도 수감 물품에 추가되어 있었는데, 이와 관련

분홍색 속옷을 보여주는 죄수.

해 그는 자기 덕분에 7만 달러의 카운티 돈을 절약할 수 있었다고 주장했다. "다들 분홍색을 싫어해요. 때로 불평도 하지요." 그는 흡족해하며 이렇게 말했다.

그러나 2012년 법정은 이 분홍색 팬티가 재판을 기다리다 죽음에 이른 편집성 조현병 재소자의 죽음에 책임이 있다고 판시했다. 36세의 그 재소자는 교도소 간수들이 옷을 벗기고 꼼짝 못하게 제압한 뒤억지로 분홍색을 입히자 당황해서 자신의 분홍색 팬티를 물끄러미 쳐다보다가 강간당하는 줄 알고 고함을 내지르며 도망치던 중 심장마비로 사망했다. 상소 법원은 재판을 기다리는 수감자에게 억지로 분홍색을 입히는 행위는 '법적 정당성과는 전혀 상관없는 것으로 보인다'고 판결 내렸다.

하지만 이 사건은 죄수들에게 분홍을 사용한 첫 번째 사례도 마지막 사례도 아니었다. 이 모두는 워싱턴 타코마대학교 생물학 교수 알렉산더 샤우스Alexander Schauss가 경쾌하고 발랄한 색조의 분홍 효과에 관한 실험을 진행하면서 시작되었다. 실험 결과 그는 이 색에 노출된 남성은 파랑에 노출된 남성에 비해 근력 테스트에서 더 낮은 점수를 받는데, 이는 분홍의 진정 효과 때문이라고 결론 내렸다.

1년 뒤 시애틀의 해군 교도소에서 간수 진 베이커Gene Baker와 론 밀러Ron Miller가 죄수들을 대상으로 한 몇 차례의 실험 가운데 첫 번째 실험에 착수했다. 그들은 감방 하나를 (나중에 베이커-밀러 핑크로 알려지게 되는) 스처우스 핑크로 칠했다. 그러자 죄수들의 폭력 수치가 급격하게 내려갔다. 하지만 그 후에 이루어진 학계의 몇몇 연구는 이보다 훨씬 놀라운 결론을 제시했다. 즉 베이커-밀러 핑크와 남성의 혈압 수치나 물리적 힘은 아무런 상관관계가 없다는 것이었다. 그러자 '분홍의 힘drunk tank pink'으로도 불리던 효과의 인기는 뚝 떨어지고 말았다. 2013년 스위스가 뒤늦게 뛰어들어 수감자들을 진정시킬 목적으로 구치소 몇 곳에 베이커-밀러 핑크를 사용했다. 그 결과는 '결정적이지 않은 것으로' 나타났다.

'분홍 용지pink-sheet' 주식이란 뭘까?

주요 증권거래소에서 거래되지 않는 주식을 '장외 거래 주식'이라고 부른다. 이런 주식은 대개 가치가 낮고 불안한 비상장 회사의 주식이다. 이런 주식을 가리켜 (전자 거래가 도입되기 전까지) 분홍색 용지에 인쇄되었기 때문에 '분홍 용지'로 거래되는 주식이라고 부른다.

흰색 WHITE

빛의 기준에서 흰색은 모든 색의 혼합물이다. 하지만 물감 상자의 모든 색을 섞을 경우 흰색은커녕 그 비슷한 색도 얻지 못한다. 대신 칙칙한 회갈색을 얻을 뿐이다. 그 때문에 우리는 흰색을 색의 총합이 아니라 색의 부재 또는 다른 색을 돋보이게 해주는 텅 빈 바탕으로 생각하는 경향이 있다.

세계 대부분의 지역에서 흰색은 청결, 순수성, 처녀성과 관련을 맺어왔다. 자연에서는 흰색 하면 가장 먼저 눈과 우유가 떠오른다. 탈무드 전통에서 우유는 네 가지 신성한 물질 가운데 하나이며, 코란은 '잔나Jannah' 즉 낙원에서는 '맛이 늘 한결같은 우유의 강'(47:15)이 흐를 것이라고 말한다.

몇몇 목가적 문화에서 우유의 색은 행운과 기쁨, 비옥함의 색이기도 하다. 네게브 사막의 베두인족 Bedouin은 악마의 눈으로부터 스스로를 보호하기 위해, 또 보호를 청하는 기도를 올릴 때 흰색을 입는다. 아프리카에서도 비슷한 연관성을 볼 수 있다. 나이지리아 북부의 하우사족Hausa은 흰색 정령을 특히 자비롭다고 여기며 그 제단에 공물로 우유를 쏟아 붓는다. 그들은 또 '하얀 배腹'는 행복을 상징하고, '하얀 심장'은 평화를 상징한다고 믿는다. 무슬림 남성들은 무슬림이라면 메카까지 순례 여행을 떠나야 하는 '핫즈Hajj' 기간에 순례객 모두 똑같아 보이도록 흰색 천 두 장으로 이루어진 '이람Ihram'을 착용한다.

…처럼 하얀

동화에서 흰색은 종종 때 묻지 않은 순수함을 나타내는 색이다. 브로드웨이 연극 〈백설공주와 일곱 난쟁이Snow White and the Seven Dwarfs〉에 이어 디즈니 영화로도 제작된 그림 형제의 1812년 독일 동화 《백설공주Schneewittchen》는 그 대표적인 예이다. 원작에서 피부가 눈처럼 하얀 딸이 태어나기를 기원하다 아기가 태어나자 아기 이름을 백설공주로 짓는다.

사악한 계모의 계략에도 불구하고 백설공주는 선하고 진실된 성품을 잃지 않는다. 그보다 일찍 나온 그림 형제의 또 다른 동화 《백설공주와 붉은장미 Schneewittchen und Rosenrot》에는 이름이 역시 백설공주인 수줍음 많고 다정다감하면서 집 안에 틀어박혀 가사를 돌보거나 책 읽길 좋아하는 금발의 꼬마 아가씨와 활발하고 거침없는 언니 붉은장미가 등장한다.

금발의 백설공주와 흑발의 붉은장미(왼쪽).
좀 더 전통적인 그림에서는 백설공주도 흑
발로 묘사된다(오른쪽).

진한 흰색

하지만 흰색이 늘 수동적이고 지고한 이미지만 나타내는 것은 아니다.
허먼 멜빌은 향유고래 《모비 딕 *Moby Dick*》 이야기에서 하얀 빛 뒤의
어둠을 언급했다. '고래의 흰색 The Whiteness of the Whale'이라는 제목의
42장에서 그는 경외스럽기까지 한 색채의 수수께끼를 무척이나 공들
여 묘사한다. "달콤하기도 하고, 존경스럽기도 하고, 숭고하기도 한 이
모든 축적된 연상 때문에 피를 들끓게 하는 빨강보다 더 큰 공포로 영
혼을 덮쳐오는 이러한 색조에 대한 가장 내밀한 생각에는 규정하기 힘
든 뭔가가 도사리고 있다."

흰색이 함축하는 덜 유익한 의미를 찾아내고자 한다면 18세기 이후
로 흰색 깃털은 겁쟁이의 상징으로 굳어졌다는 점을 덧붙여야 할지도
모르겠다. 1차 세계대전 기간 동안 여성들은 입대하지 않은 평상복 차
림의 청년들에게 흰색 깃털을 건네곤 했다. 이러한 관행은 투계에서
꼬리깃이 하얀 수탉은 싸움 실력이 형편없다는 믿음에서 유래한다.

흰색은 또 항복의 색이기도 하다. 흰색 깃발은 25년 이후 중국 한나
라와 2세기의 로마에서 이 목적으로 처음 사용되었다. 나아가 흰색은
쓸모없고 다소 골치 아픈 물건을 상징하는 색이기도 하다. 방 안의 '흰
코끼리'는 동남아시아 군주들이 선물로 흰 코끼리를 받지만 신성하게

여겨 일을 시키지도 못하고 그저 가만히 두고 볼 수밖에 없었다는 16세기 이야기에 기여한다.

죽음의 색

중국, 인도, 에티오피아, 한국, 중동을 비롯해 세계의 많은 지역에서 흰색은 순수성과의 연관관계 때문에 고인에 대한 존경을 나타내는 애도의 색으로 사용된다. 예를 들어 유럽의 로마인들과 전 세계의 힌두교도들은 장례식에서 흰색을 입으며, 오래된 인도 전통에서 미망인들은 남은 생애를 줄곧 흰색만 입어야 한다.

　죽음과 관련된 이 전통은 고대 세계에서 매우 중요했다. 로마에서 화로火爐의 처녀신 베스타를 모시던 여사제들은 순결의 상징으로 흰색 리넨 예복을 입었다(이 장 맨 앞 사진 참조). 이집트의 이시스 사제들도 그랬으며, 미라를 제작하려면 먼저 시체를 흰색 붕대로 꽁꽁 싸맸다. 중세 시대 유럽의 상복도 흰색이었다. 미망인들에게는 특히 엄격하게 적용되었던 이러한 전통은 프랑스 왕족들 사이에서 16세기까지 계속 이어졌으며, 그 뒤 많은 세월이 지나서도 유럽의 아이들은 계속해서 흰색 상복을 입었다. 오늘날 서구에서는 검정이 주로 상복으로 사용되지만 고인의 경우에는 여전히 흰색 전통을 지킨다. 다시 말해 검은 수의로 시신을 감싸는 사람은 아무도 없다. 이처럼 조문객들은 검은색을 입어 고인에게 존경을 표하고, 고인은 흰색을 입고 내세를 준비한다.

흰색 결혼 예복

흰색 옷에 관한 한 영원히 변치 않는 것이 하나 있다. 바로 웨딩드레스이다. 세계의 몇몇 지역에서 이러한 전통은 고대로 거슬러 올라간다. 예를 들어 고대 그리스에서 신부들은 흰색 드레스 차림에 흰 꽃을 들고 하얀

인도 북부에서 '홀리' 축제에 참가하기 위해 기다리고 있는 미망인들.

게 칠했다. 일본의 전통적인 신부는 새로운 가정에 바칠 순결을 나타내는 흰색 기모노를 입었다. 이런 점에서 흰색은 처녀성을 상징한다. 다시 말해 젊은 신부는 성적으로 누구의 손길도 타지 않은 순결한 상태를 유지해야 했다.

서구 결혼식의 긴 역사를 살펴볼 때 흰색은 사실 비교적 새로운 유행이다. 19세기 중반까지만 해도 대부분의 여성들은 새 드레스를 장만할 여유가 없었기 때문에 색깔이 어떻든 상관없이 가지고 있는 옷 중에서 결혼식에 가장 잘 어울리는 드레스를 입었다.

이런 옷은 계속 입을 수 있는 옷이었다. 파란색, 회색, 진주색, 갈색, 심지어 검은색이 주로 선택되었다. 흰색도 선택 범위 안에 들어 있긴 했지만 특별히 인기 있지는 않았다. 무엇보다 얼룩이 쉽게 눈에 띄었고, 그래서 오래가지 못했기 때문이다. 중세 시대에는 신부의 하녀들

흰색WHITE

도 신부와 똑같은 색의 드레스를 입었다. 신부에게 해코지를 하고 싶어할지도 모르는 악령을 혼란스럽게 할 수 있다고 믿었기 때문이다. 이에 비해 흰색을 선택할 경우 신부는 드레스를 더럽힐까 봐 결혼식 내내 짜증난 얼굴을 하고 발끝으로 살금살금 걸어야 했을 것이다.

부자와 귀족들은 빨간색을 가장 좋아했다. 왕가의 신부들은 금사나 은사를 섞어 짠 비단에 수를 놓아 장식한 값비싼 진홍색 드레스를 주로 입었지 흰색은 거의 입지 않았다. 스코틀랜드의 메리 여왕이 1559년 프랑스 왕 프랑수아 2세와 결혼하면서 흰색을 입었지만 1년 뒤 그가 사망하자 결혼식에 하필 '상복' 색을 골라 남편이 저주를 받았다는 비난을 샀다.

유럽과 미국의 흰색 웨딩드레스 전통은 1840년 2월 10일 독일계 외사촌 작센-코부르크의 알버트와 결혼하면서 대담해 보이는 결정을 내린 빅토리아 여왕과 더불어 시작되었다. 빅토리아가 흰색을 선택한 이유는 자신이 손수 짠 레이스를 자랑하려는 목적도 있었다. 스무 살의 자그마한 여왕은 레이스로 장식한 순백색 가운에 머리에는 옅은 주황색 꽃을 꽂고 나타나 대중의 이목을 한몸에 받았다. 여왕과 같은 길을 가야 한다는 생각에 귀족들도 같은 색 옷차림으로 그 뒤를 따랐다. 빅

일본식 전통 혼례를 올리는 신랑과 신부. 신부는 하얀 기모노를 입고 있다.

결혼식 날 사회적으로 높은 신분을 나타내는 값비싼 빨간색 드레스를 입은 중세의 여성(왼쪽)과 순백색의 유행에 불을 지핀 빅토리아 여왕의 흰색 웨딩드레스(오른쪽).

토리아 여왕의 결혼식이 있고 나서 겨우 9년 뒤 미국의 여성 잡지 〈고디스 레이디 북Godey's Lady Book〉은 다음과 같이 선언해 다소 도를 넘어섰다. "재질이 무엇이든 흰색이 가장 적합한 색이라는 관습은 초창기부터 이미 정해졌다. 흰색은 처녀 시절의 순결과 순수함, 이제 그녀가 선택한 단 한 사람에게 넘겨줄 때 묻지 않은 마음을 상징한다." 하지만 흰색 웨딩드레스가 널리 확산되는 데에는 어느 정도 시간이 걸렸으며, 부유하지 못한 계층의 사람들 사이에서는 특히 더 그랬다. 자주 인용되는 19세기의 한 짧막한 노래는 흰색을 맨 위에 올려놓지만 몇 가지 다른 대안도 제시한다.

순백의 드레스를 입고 결혼한다면 그대는 옳은 선택을 한 것이다.
회색을 입고 결혼하면 먼 곳으로 떠나서 살 것이요,
검은색을 입으면 예전으로 돌아가고 싶을 것이고,

흰색 웨딩드레스가 서구에서 확고한 위치를 차지하게 되는 것은 빅토리아 여왕의 재임기가 끝나고 나서였다.

빨간색을 입으면 차라리 죽었으면 하고 바랄 것이며,
청색을 입고 결혼하면 진실되게 살 것이고,
진주색을 입으면 혼란 속에서 살아갈 것이며,
초록색을 입으면 남 앞에 서기가 부끄러울 것이다.
노란색을 입으면 그대의 배우자가 부끄러워할 것이고,
갈색을 입으면 마을에서 나가 살게 될 것이며,
분홍색을 입고 결혼한다면 기운이 모두 떨어질 것이다.

19세기 말에 오면 흰색이 점령하기에 이른다. 미국 잡지 〈레이디스 홈 저널〉은 흰색에 얼토당토않은 역사의 축복을 내린다. "태곳적부터 신부의 예복은 흰색이었다." 내핍의 시기였던 2차 세계대전 기간에는 유럽과 미국 전역에 걸쳐 흰색의 인기가 떨어졌지만 전쟁이 끝나고 다시 살아나 예전의 인기를 회복한 듯 보였다.

1920년경 이후로 흰색 웨딩드레스를 입는 것은 초혼인 신부에게는 필수로 자리 잡았는데, 이는 흰색이 신부가 여전히 가지고 있어야 하는 처녀성을 상징했기 때문이다. 그런 함의가 굳어지자 대담하게도 그 반대의 경우를 암시하는 색을 입을 만큼 배짱이 두둑한 신부는 거의 없었다. 이러한 연관성은 처녀성에 따라붙는 특혜가 사라지면서 함께 증발했지만 흰색 드레스의 인기는 쉬이 줄어들지 않았다. 요즘에는 흰색의 성적 의미가 약간 모호해졌다. 예를 들어 흰 웨딩드레스가 여전히 인기 있는 프랑스에서 '하얀 웨딩'이란 용어는 명칭만 그럴 뿐 절차상 편리한 결혼을 의미한다.

흰색, 살색 또는 누드색?

색채 전문가들은 순수한 흰색에 대해서는 거의 얘기하지 않는다. 그들에게 흰색은 나머지 사람들에게는 그게 그저 같아 보이는 다양한 음영으로 다가온다. 우리 모두 달걀 껍질과 상아와 바닐라에는 익숙할지 모르지만 고스트화이트, 베이비파우더, 화이트스모크, 더치화이트, 나바호화이트, 콘실크, 조개색, 아마색, 담갈색에는 그렇지 못하다.

하지만 피부색과 관련해 흰색이라고 하면 인종적으로 정형화된 용어에 익숙지 않은 사람은 무척 당혹스러울 수도 있다. (피부 색소가 부족해 생기는) 백색증으로 고생하는 사람들조차 피부가 '순수한 흰색'이지는 않다. 나머지 사람들의 경우에는 '흰색' 피부를 복숭앗빛 분홍, 발그레한 분홍, 노르스름한 분홍, 올리브색, 노르스름한 갈색, 베이지색, 연한 갈색, 중간 갈색 또는 주근깨가 있는 크림색으로 설명하는 것이 좀 더 정확할지도 모르겠지만 우유나 눈의 순백색은 결코 존재하지 않는다. 그렇다면 '코카서스'족(이 용어가 늘 피부색을 가리키는 것만은 아니라는 점에서 이 또한 부정확한 명칭이다)은 어쩌다 '백인'으로 알려지게 되었을까?

흰 비둘기가 상징하는 것

흰색은 성경의 구약과 신약 양쪽에서 자주 등장한다. 예를 들어 천사는 흰색 망토 차림으로 묘사된다. 따라서 성령이 비둘기로 나타났다는 설명이 나오면, 예를 들어 예수가 세례자 요한에게 세례를 받고 난 뒤처럼, 이 비둘기는 당연히 흰색으로 여겨졌다. 하지만 신약과 구약을 통틀어 30차례나 나오는 비둘기에 관한 언급 중에서 그 색깔에 대해 설명하는 대목은 어디에도 없다. 실제로 흰색 비둘기는 야생에서는 발견되지 않고 아주 최근 들어 인간이 사육하기 시작한 종에서만 볼 수 있다.

이는 크게 두 가지 이유, 즉 색깔 연상과 이상적인 미의 기준 때문이다. 앞에서 이미 살펴보았듯이 흰색이 함축하는 의미는 대개 긍정적이다. 특히 서구에서는 더욱 그렇다. 흰색은 순결, 순진무구, 처녀성 등과 연관된다. 따라서 흰색은 우리에게 아름다움을 가져다주는 바람직한 그 무엇에 관한 한 처음부터 유리하게 출발했다.

20세기 중반 이후 일광욕이 등장하기 전까지만 해도 유럽에서 이상적인 여성은 생전 햇빛 구경도 못한 듯한 피부를 가지고 있었다. 백설 공주는 그중에서 가장 하얗고, 이전 세기의 미인들에 대한 묘사 또한 설화석고 같은 피부에 우유처럼 새하얀 가슴 등에 의지하는 경향이 있었다. 대부분의 여성들에게는 다른 선택이 없었다. 그들은 옷으로 팔다리를 가리고 보닛으로 얼굴에 그늘을 드리웠다. 물론 들에서 일하

이전 세기의 이상적인 미인. 창백하리만큼 새하얀 피부가 눈길을 끈다.

는 여성들은 얼굴과 손은 물론 팔까지 갈색으로 타서 거칠고 억세 보였다. 어느 모로 보나 조신하고 새초롬한 이상형과는 거리가 먼 모습으로, 이런 피부색은 그들의 사회적 신분을 고스란히 드러내 보였다.

그래서 흰색은 가치가 높았다. 색이 갖는 문화적 연상과 인간의 피부, 특히 여성의 피부와 관련될 경우 밝을수록 대접받았기 때문이다. 따라서 갈색 피부의 노예들과 아프리카 출신의 식민지 주민들을 '검둥이'라고 부르면서 그들의 감독과 지배자는 '백인'을 자처했다는 사실은 그렇게 놀랄 일이 아니다.

하지만 묘사와 현실의 간극은 한 가지 문제를 낳았다. 햇볕에 타지 않은 유럽인 피부의 실제 색깔을 어떻게 묘사해야 할까? 그 답은 물론 유럽의 어느 지역에 대해 이야기하고 있느냐에 따라 달라지지만 영어로 발그레한 크림색이나 노르스름한 색을 가리키는 '살색flesh coloured' 이라는 용어는 17세기 초에 처음 등장했다.

20세기 들어 이 표현은 훨훨 비상하며 아이들 인형에서 여성용 속옷에 이르기까지 모든 사물의 색을 묘사하는 데 사용되었다. 그러나 20세기 후반에 와서 전체의 10퍼센트밖에 안 되는 인간의 살을 닮은 색에 '살색'을 사용하는 관행은 점차 줄어들기 시작했다. 그 말 자체가 오만하고 심지어는 모욕적으로 느껴졌기 때문이다. 일부에서는 이를 '누드색nude'으로 바꿨는데, 그렇게까지 하얗지는 않은 백인은 누드색 피부인 반면 그렇게까지 까맣지는 않은 흑인은 누드색 피부가 아니라는 점을 감안할 때 이 표현 또한 동일한 문제를 야기한다. '하얀' 피부를 가리키는, 누구나 인정할 수 있으면서 정확한 색을 찾는 여정은 지금도 계속되고 있다.

눈을 가리키는 이누이트족 단어들

인터넷에서 지치지도 않고 돌아다니는 이야기가 하나 있다. "이누이트족은 눈을 뜻하는 단어가 200개라는데, 123개라는데, 67개라는데, 19개라는데 어느 쪽이 맞나요?" 이야기의 핵심은 '에스키모족'은 늘 눈에 둘러싸여 있기 때문에 우리가 놓치는 눈의 흰색과 질감의 미묘한 차이를 구분한다는 것이다. 유일한 문제는 그게 사실이 아니라는 점이다. 그들의 언어 역시 눈을 가리키는 단어 수가 다른 많은 언어들과 비슷하다. 좀 더 정확하게 말하면, 다른 언어들이 가루눈이나 상쾌한 눈 또는 노란 눈 같은 표현을 사용할 때 이누이트족은 한 단어를 사용할 뿐이다.

아름다움의 대가

모름지기 미인은 피부가 설화석고처럼 하얘야 한다는 생각은 특히 18세기와 19세기의 백랍 파운데이션 사용으로 이어졌다. 이 파운데이션은 탄산납으로 만들었는데, 고대인들도 알고 있었듯이 백랍은 유독성이 매우 강했다. 백랍은 적어도 4,300년 전 터키의 아시아 지역에 있는 아나톨리아에서 맨 처음 생산된 뒤 물감과 화장품에 들어가는 흰색 기본 색소로 인기를 얻기 시작했다. 대 플리니우스는 백랍의 유독성을 경고했으며, 그리스 시인 니칸데르Nicander도 이를 '혐오스러운 혼합'이라고 표현했다.

처음에 백랍은 식초 사발 위에 납 조각을 올려두는 방법으로 얻었다. 이 방법을 사용하면 납이 뭉글뭉글 연기를 피워 올리며 흰색 탄산납 침전물을 남겼다. 그러다 17세기에 들어와 네덜란드인들이 헛간에 절반은 식초용, 나머지 절반은 납 조각용으로 칸을 나눈 커다란 찰흙 솥단지를 걸어놓고 백랍을 대량으로 생산하는 새로운 방법을 발명해냈다. 이 경우 납 조각을 소와 말의 배설물로 빈틈없이 감싸 온도를 높게 유지해주면 화학 반응이 가속화되었다. 이 상태로 석 달이 지나면 불운한 인부 하나가 백랍을 수거하는 임무를 띠고 유해한 환경 속으로 파견되었다.

백랍이 건강에 미치는 영향을 둘러싼 경고가 끊임없이 나왔다. 17세기에 네덜란드 화가 필립베르트 베르나티Philipbert Vernatti가 작성한 보고서는 납 조각을 수거하는 인부들이 겪는 증상을 자세히 열거했다. 예를 들면 극심한 열, 밭은 호흡, 현기증, 이마의 엄청난 통증, 실명, 식욕 감퇴, 잦은 구토, 그리고 무엇보다도 '맹목적 애정 공세'와 '어리석은 행동'이 그런 증상에 해당했다. 사실상 그들은 중독되어 죽어가고 있었다.

화장품으로 백랍을 처음 사용했다는 기록은 BC 4세기의 그리스와 같은 시기의 고대 중국에서 나온다. 백랍으로 만든 얼굴 크림은 18세기와 19세기 유럽과 미국의 부유층 여성들 사이에서 특히 인기가 있었다. 그들은 얼굴을 설화석고처럼 하얗게 보이고픈 욕심에 백랍을 사용했다. 예상했던 대로 많은 사람이 죽어나갔다.

그중에는 미모와 허영심 둘 다로 이름을 떨친 아일랜드 백작부인 마리아 거닝Maria Gunning도 들어 있었다. 그녀는 피부 발진을 일으킬 정

백랍 파운데이션에 중독됐던 마리아 거닝.

도로 이 물질에 깊이 중독되었고, 그럴수록 사람들 앞에 더는 못 나갈
지경이 되기 직전까지 (결점을 감추려고) 백랍을 바르고 또 발랐다. 그녀
는 만성 변비를 비롯해 수많은 질병으로 고생했으며 결국엔 정신이상
증세까지 보이다 1760년 27세의 나이에 납 중독으로 사망했다. 당시
상류사회에서는 그녀가 '화장품의 희생자'라는 말이 돌았다.

그러나 유독성에 대한 인식은 그다지 큰 영향을 미치지 못했다. 거
닝이 사망하고 나서 1세기가 지난 뒤에도 미국 화장품 회사 조지 W. 레
어드George W. Laird는 백랍이 주성분인 자사의 인기 파운데이션 '젊음
의 꽃' 광고를 여전히 잡지에 내고 있었다. 이 밖에도 납 성분의 화장품
이 '알리 아메드 사막의 보석'이니 '유제니의 애장품'이니 하는 이름으
로 출시되었다. 19세기 말에 이르러 새로운 합성 화장품이 백랍을 대
체했지만 미국에서 백랍은 1977년에야 금지되었다.

백랍의 피해가 가장 컸던 나라는 일본이었다. 쇼군 시대 중 3세기 동
안 백랍은 게이샤와 사무라이 부인들, 여배우와 상류층 여성들 사이에

흰색WHITE

얼굴에 전통적인 흰색 화장을 한 게이샤.

서 널리 애용되었다.

최근 들어 일본 사무라이 자녀들의 뼈에 대해 연구한 결과 납 함유량이 정상인의 50배인 것으로 나왔다. 범인은 (백랍과 염화수은으로 만든) 하얀 얼굴을 만들기 위한 분이었다. 이 분을 사용했던 여성들은 수유를 통해 자기도 모르게 아이들한테 독을 먹이고 만 셈이다.

이는 뇌 손상을 비롯해 여러 가지 질병을 유발했으며, 1868년 쇼군 통치가 막을 내리는 데 기여했을지도 모른다. 이와 관련해 한 연구자는 다음과 같이 지적했다. "뇌 손상으로 고통받는 지배 계급은 성공하지 못한다."

공포가 가져온 흰색

사람의 머리카락 색이 시간이 지나면 바뀌는 데에는 유전자 탓이 크다. 일란성 쌍둥이가 동시에 머리가 허옇게 변하는 경향을 보이는 것도 이 때문이다. 사람의 머리카락이 갑자기 흰색으로 변한다는 이야기가 많다. 마리 앙투아네트는 단두대 처형을 앞두고 하룻밤 새에 머리가 허옇게 셌다고 전해진다. 신기하게도 현대에 들어와 사형수들 머리카락 색이 갑자기 바뀌었다는 소리는 들어본 적이 없다. 이는 머리카락 색은 동시에 바뀔 수 없기 때문이다. 그렇게 되려면 하룻밤 새에 유색 머리카락 수천 가닥이 빠지고 무색(흰색) 머리카락 수천 가닥이 다시 나야 한다.

하지만 몇몇 사람들의 머리카락은 하룻밤 새는 아니라 하더라도 비교적 빨리 센다. 스트레스와 질병이 머리카락에 이런 노화를 일으킬 수 있으며, 따라서 어떤 충격이나 트라우마를 경험할 경우 머리카락이 허옇게 셀 수도 있다.

스트레스 때문에 머리가 회색으로 변하고 있다고 주장하는 사람들의 이야기는 따라서 거짓말이 아니지만 그렇다고 완전히 맞는 말도 아니다. 그 이유는 회색 머리카락은 실은 시각적 착각이기 때문이다. 머리카락은 원래의 색소를 그대로 가지고 있거나 아니면 허옇게 변한다. 여기에 중간은 없다. 회색 느낌을 받는 것은 머리카락의 원래 색과 흰색 머리카락이 섞여 있기 때문이다. 나이가 들면 우리 머리카락은 진한 회색으로 변했다가 밝은 회색으로, 그러고 나서 결국에는 흰색으로 점차 색이 변한다고 생각하지만 사실 머리카락은 한 올 한 올 색 만드는 걸 멈추는 것일 뿐이다. 중년에 이르면 새로운 머리카락을 형성하는 모낭세포가 죽기 시작한다. 이는 모낭세포가 색소 생산을 중단한다는 뜻이다. 따라서 머리카락은 계속 자라나지만 색은 없어지게, 다시 말해 허옇게 된다. 이러한 색소의 부재를 모발 색소 결핍증이라고 부른다.

핵폭발 때의 열방사선을 피하기 위해 흰색으로 칠한 핵 폭격기.

백악관은 왜 하얄까?

18세기 사람들은 고대 그리스와 관련된 것이라면 무조건 관심을 보이며 그리스의 대리석 조각상과 건축물은 모두 흰색이라고 착각했기 때문이다. 그래서 기둥에서부터 흰색 대리석 건축물과 조각상에 이르기까지 고대 그리스 양식이라고 믿었던 것을 충실하게 복제했다. 세월이 지나 표면 성분을 분석하는 기술이 발명되면서 고대 그리스인들은 번쩍거리는 색에 열광했으며, 뭐든 눈에 보이는 족족 밝은 색으로 칠했다는 사실이 밝혀졌다. 수세기가 지나는 동안 칠은 비바람을 견디지 못하고 떨어져 내렸고, 신고전주의의 실수는 바로 여기서 생겨났다.

하얀 핵 폭격기

물질은 열을 가하면 빨강에서 노랑에 이어 흰색으로 변한다. 핵폭발은 뜨거운 열기를 동반하는 눈부신 흰색 섬광을 방출한다. 이 때문에 미 공군은 핵 폭격기를 흰색으로 칠했는데, 이 방법은 핵이 폭발할 때의 흰색 섬광이 뿜어내는 열방사선을 어느 정도 막는 데 실제로 도움이 된다. 폭격기에 칠하는 이 눈부신 흰색은 '안티플래시 화이트anti-flash white'로 불리게 되었으며, 오늘날에도 미국, 영국, 러시아 핵 폭격기에 계속 사용되고 있다.

검정BLACK

검정 하면 제일 먼저 어둠, 곧 빛의 완전한 부재가 떠오른다. 이 미지의 요소는 상상력을 휘저어놓을 뿐만 아니라 검정의 신비한 연상 중 일부이기도 하다. 대부분의 문화에서 검정은 죽음과 연관되기도 한다. 누가 봐도 검정은 죽음과 관련된 서구의 상징, 즉 관과 상복과 장의사 복장과 장의차 색의 핵심을 이룬다. 인도와 아프리카를 비롯해 세계의 다른 많은 지역에서도 검정은 이런 의미를 지닌다. 예를 들어 콩고의 은뎀부족Ndembu은 후손 없이 죽은 사람의 시신에 배꼽에서부터 골반까지 검은색 선을 그리는데, 이는 그 자손들이 영원히 죽었다는 의미이다.

고대 이집트인들은 검정을 무덤의 색으로 간주했으며, 아누비스 신은 검은 재칼의 머리를 한 모습으로 묘사되었다(앞 페이지 참조). 그들은 어둠이 나일강 주변 땅의 창조와 비옥함을 가져왔다고 믿으며 자신들의 나라를 '검은 땅'이라고 불렀다. 늘 검은 옷만 입고 다니는 닉스Nyx는 그리스의 밤의 여신으로 태초부터 자리를 지키며 히프노스Hypnos(잠)와 타나토스Thanatos(죽음)를 낳았고, 낮에는 불가사의한 운명의 세 여신과 복수의 세 여신과 연관된다.

악마의 검정

검정을 죽음, 불가해한 신비, 컴컴한 미지의 세계, 으슥한 밤과 연관 지을 경우 특별히 비약하지 않고도 자연스레 마술, 악마, 불행을 떠올리게 된다. 서구 전통에는 검은 마술과 검은 예술, 검은 예배와 검은 안식일이 있다. 검은 고양이가 마법과 불행과 연관된다면 검은 개는 죽음과 악, 절망과 다양한 관계를 맺어왔다. 초창기의 서부영화에서 악당들은 검은 옷에 검은 모자를 착용했다. 기독교 상징에서 검정은 오래전부터 사탄과 그의 타락한 천사들과 지옥의 색이었다.

대륙과 문화를 종횡으로 아우르는 검정의 연상은 역시나 어둠과 마술, 원죄와 악이다. 아프리카 대부분의 지역에서 검정은 마법과 연관된다. 예를 들어 나이지리아의 하우사족은 사람들의 혼을 빼놓고 사지를 마비시켜 죽음에 이르게 하는 위험한 검은 신들을 두려워한다. 이들은 슬픔에 빠진 사람을 '검은 배'로, 화를 잘 내거나 정직하지 못하거나 그 외 적으로 간주되는 사람을 총칭해 '검은 심장'으로 부른다. 몇몇 아랍 국가에서도 저속한 사람을 가리켜 이렇게 부른다.

가나의 특산물인 켄테 천을 짜는 사람들은 검은 띠를 사용하는데, 한때 이 띠는 원죄와 고도로 강화된 정신적 에너지를 상징했다. 고대 인도에서 검은색은 악과 두려움 같은 부정적인 특징을 묘사하는 데 사용되었다. 약 1천 년 전 천황이 다스리던 일본에서는 검은 옷이 불운을 상징했는데, 그래서 승려와 은둔자처럼 사회와 떨어져 사는 사람들은 검정옷을 입었다. 오늘날 일본인들이 사용하는 '하라 구로이'라는 말은 '시커먼 배'로 번역되는데, 이는 '사악하다'를 뜻하는 비유적 표현이다. 인도네시아 몇몇 지역에서 검정은 악마와 재앙, 질병과 왼손잡이를 가리키는 색이다. 이는 위생과 질병 예방 차원에서 한 손은 먹는 데, 또 한 손은 씻는 데 사용하는 이곳 사람들의 습관과 관계가 깊다. 이러한 관행은 인도에서도 발견된다.

세계의 몇몇 지역에서 검정은 특유의 부정적인 의미를 띤다. 예를 들어 스웨덴과 노르웨이에서 검정은 시기와 질투의 색이다. 그들은 질투로 '시퍼레졌다'는 표현보다 'svartsjuk' 즉 '시커메졌다'는 표현을 쓴다. 핀란드에서는 질투에 사로잡힌 사람을 가리켜 'mustasukkainen' 즉 '검은 양말'을 신었다고 표현한다.

그리스의 밤의 여신 닉스(왼쪽)와 인도 여신 칼리(오른쪽). 칼리는 파괴와 탄생을 동시에 구현하는 여신으로 소름 끼치는 검은색 형상을 하고 있으며, 보다시피 여기서는 인도의 위대한 신 브라마와 비슈누, 시바의 추앙을 받고 있다.

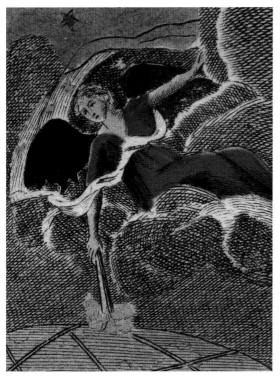

검정BLACK

힘을 샘솟게 하는 검정

검정이 늘 부정적인 의미를 띠는 것만은 아니다. 예를 들어 예방접종을 하는 심정으로 검정을 바라보는 시각도 있다. 이는 독은 독으로 다스린다는 생각과도 비슷하다. 인도 부모들이 아이들 눈 주변에 푸르스름한 검정을 칠했던 이유는 악령으로부터 아이들을 보호하기 위해서였다. 인도 일부 지역에서는 우유에 숯 한 줌을 집어넣는 관습이 있었는데, 이는 흰색은 악을 끌어들이고 검정은 악으로부터 보호해준다는 믿음 때문이었다.

세계의 다른 지역에서 검정은 다소 다의적이면서 때로 긍정적인 의미를 지니기도 한다. 2,300년 전 최초의 중국 황제 진시황은 검정을 자신의 색으로 선택했다. 그 이유는 '검은 물이 붉은 불꽃을 제압한다'는 말 때문이었는데, 이는 그가 붉은 주나라를 무너뜨렸다는 사실과 관계가 깊었다.

색과 관련한 중국의 상징에서 검정은 (우물을 위에서 내려다봤을 때의) 물, (검은 거북으로 상징되는) 북쪽, 수성, 겨울, 추위, 돼지, 밤나무, 수수, 정체 상태 등 다양한 의미를 띤다. 또 검정은 음, 즉 흰색으로 상징되는 양의 밝은 기운과 정반대를 이루는 어두운 기운을 상징하기도 한다.

몇몇 아메리카 원주민 부족은 검정을 남성다움, 권력, 공격, 힘과 연관 지으며 전쟁에 나갈 때 숯에 동물 지방이나 타액을 섞어 얼굴에 칠했다. 세계의 몇몇 건조한 지역에서 검정은 비옥한 토양을 상징하는 색이기도 하다. 예를 들어 아프리카 북서부 지역 여성들은 결혼하고 일주일이 지나면 검정 옷을 입는다. 여기서 검정은 다산과 변신을 상징하며, 비옥한 토양의 색에서 유래했다.

경건한 검정

서구 전통에서 이 죽음의 색은 속죄의 색으로 굳어지기도 했는데, 사순절 주간이면 가톨릭교회에서 검은 휘장을 많이 보게 되는 것은 이 때문이다. 이러한 뿌리에서 검정은 교회의 색, 특히 성직자의 색으로 자리 잡게 되었다. 추기경은 붉은색, 주교는 보라색을 입었을지 모르지만 6세기부터 사제와 수녀는 검은색을 입었다. 하지만 적어도 중세 후반까지는 검은색 염료가 부족했기 때문에 검은색이라기보다 칙칙하고 어두운 회색에 가까웠다.

　칙칙한 검은색의 문제는 14세기 말로 접어들면서 어느 정도는 해결되었다. 하지만 그러려면 돈이 꽤 들었다. 이 무렵부터 삼중 염색법(파랑, 노랑, 빨강을 한데 섞어 염색하면 오래 지속되면서 윤기가 흐르는 검정이 나왔다)을 통해 좀 더 진하면서 깊이가 있는 검정이 생산되기 시작했고, 곧이어 예전보다 훨씬 더 풍부해진 이 새로운 검정은 종교재판소 심판관들의 색으로 자리 잡았다. 스페인 사제들은 교황에게 화형과 고문을

검은 망토 차림의 종교재판소 소장 토마스 데 토르케마다(가운데).

통해서라도 신앙의 순수성을 지키라는 임무를 부여받고 불길한 느낌의 새까만 망토 차림으로 재판정에 나타났다. 오늘날에도 검정 잉크와 사인펜 등에는 이와 동일한 염색법으로 얻은 검정을 사용하고 있다.

칼뱅파, 루터파, 프로테스탄트, 성공회 등 16세기 초에 등장하기 시작한 종교 근본주의라는 새로운 물결 또한 이러한 전통을 받아들였다. 그 이유는 믿는 자는 천국에 가고 믿지 않는 자는 지옥에 떨어진다는, 가혹하리만큼 엄격한 믿음에 적합했기 때문이다.

검정은 겸손, 경건, 진지와 연관되었고, 그 결과 청교도의 색으로 널리 인식되었다. 그들은 검정을 스스로를 낮출 만큼 겸손하고 하느님을 두려워할 줄 아는 사람들의 색으로 여기며 수수하다 못해 침울해 보이기까지 하는 이 색으로 만든 망토를 사제뿐만 아니라 회중들에게도 적용했다. 여기에는 16세기와 17세기 들어 검정을 애도의 색으로 못박았던 유럽 전역의 법령도 일조했다.

마르틴 루터(왼쪽)와 존 칼뱅(오른쪽). 둘 다 자신의 신앙을 나타내는 상징으로 검은색을 즐겨 입었다.

해적과 청교도, 그리고 검은 황금

몇 세기 넘게 유럽 전역에서 성행했던 사치 금지법은 유색 옷을 입을 수 있는 사람의 자격을 엄격하게 제한했다. 검정은 그러한 규제 대상에 포함되지 않았는데, 그 이유 중 하나는 인기가 치솟고 있었기 때문이다. 17세기에 들어와 당시 막 떠오르기 시작한 중산 계급의 교수들은 거의 모두 사무복 색으로 검정을 선택했다. 그 점에서는 은행가, 변호사, 판사, 상인, 의사들도 마찬가지였다. 검정은 진지한 의도, 정직, 경건, 투철한 직업의식을 나타냈기 때문이다.

그런데 문제는 형편이 넉넉지 않은 사람은 어리상수리혹벌 유충이 만드는 벌레혹(충영蟲癭)에서 추출한 검정 염료를 쓸 수밖에 없었고, 그마저도 칙칙하고 어두운 주황으로 금세 바래고 만다는 점이었다.

그래서 대안으로 블랙베리와 호두를 사용하기도 했는데, 어리상수리혹벌의 벌레혹으로 만든 염료보다 낫긴 했지만 이 염료도 여전히 어두운 회색에 가까웠다. 이 밖에 식초에 적신 쇳가루를 사용하는 방법도 있었지만 이 역시 칙칙한 회색이 나오기는 마찬가지였다.

값비싼 삼중 염색법을 대체하는 가장 좋은 방법은 먼저 천을 대청에 담가 파랗게 염색한 다음 로그우드라는 나무껍질을 사용해 그 위에 검은색을 입히는 것이었다. 하지만 로그우드는 스페인령 중앙아메리카의 악어와 모기가 들끓는 맹그로브늪에서만 발견되었다. 이는 특히 영국인들에게 골치 아픈 문제를 제기했다. 스페인이 로그우드 수출로 크게 이익을 남기자 영국 지배자들이 1581년 그 수입을 금지했기 때문이다.

검은 백조의 수수께끼

사실일 것 같지 않은 주장의 근거로 종종 사용되는 오랜 금언이 있다. '증거의 부재는 부재의 증거가 아니다.' 검은 백조는 이러한 논조를 뒷받침하는 데 사용되는 수많은 예들 중 하나이다. 약 200년 전까지 유럽에서 검은 백조를 봤거나 들어본 사람은 아무도 없었다. 검은 백조가 있다는 증거는 어디에도 없다는 사실이 검은 백조가 존재하지 않음을 드러내는 증거일까? 사실 검은 백조는 오스트레일리아와 뉴질랜드에서 번성했으며, 곧이어 수입되기에 이른다. 검은 백조가 있다는 증거의 부재는 부정확한 정보의 증거로 판명되었다.

검정BLACK

1673년 영국과 스페인 제국이 평화조약을 맺으면서 금지가 풀리자 영국은 중앙아메리카에 작고도 불확실한 발판을 마련했다. 그 발판이 바로 예전의 영국령 온두라스, 즉 지금의 벨리즈다.

이쯤에서 잠시 해적의 세계로 들어가보자. 1세기가 넘도록 도둑들은 스페인 선박이 자국 식민지에서 약탈한 전리품의 짐을 덜어주느라 바빴다. 스페인은 여전히 영국의 강력한 적수였고, 영국은 자국 해적들의 약탈 행위를 모른 척 눈감았다. 하지만 일단 평화가 정착되자 영국 정부는 해적질을 더는 용인하지 않았고, 그리하여 사나포선(교전국의 선박을 공격할 수 있는 권한을 정부로부터 인정받은 민간 소유의 무장 선박이다—옮긴이)들은 다른 데서 살 길을 찾아야 했다.

많은 해적들이 영국령 온두라스로 물러나 나중에 모스키토해안으로 알려지게 되는 곳에서 합법적인 로그우드 염료 사업에 뛰어들었다. 그 결과 청교도들은 직업을 바꿀 수밖에 없었던 해적들이 수입한 로그우드 염료로 의복을 염색하게 되었다.

블랙파워, 검은 긍지

말 그대로 '검은' 인종은 없다. 그런 식으로 정의되거나 스스로를 그런 식으로 부르는 사람들의 피부색을 보면 아주 연한 갈색에서 아주 진한 갈색에 이르기까지 상당히 다양하다. 그렇다면 음영이 각기 다른 갈색 피부에 모조리 '검은색'이라는 꼬리표를 다는 이유는 뭘까?

많은 것들이 그렇듯이 이 역시 노예제로 거슬러 올라간다. 노예선에서 살아남은 사람들은 주로 서아프리카 출신이었다. 지금도 그렇지만 이들의 피부색은 대부분 진한 갈색이었다. 분홍이나 크림색의 노예 소유주들은 스스로를 백인으로 불렀듯이 노예들을 검둥이 또는 '검다'를 뜻하는 라틴어 'niger'에서 유래한 '니그로nigro'로 불렀다.

몇몇 노예 소유주들은 수시로 여성 노예들을 강간하며 혼혈 자손을 만들어 '재산 목록'에 추가했다. 1865년 미국은 노예제를 폐지했지만 노예와 그 혼혈 후손들은 여전히 '검둥이' 범주에 속했으며, 특히 남부에서 시행했던 인종차별법은 피부색의 음영 차이를 인정하지 않았다. 따라서 아프리카계 후손이나 혼혈 모두 동일한 인종 집단, 즉 흑인으

내다 팔 노예를 싣고 버지니아에 도착한 노예선.

로 분류되었지만 원래는 색이 따로 있었다.

몇몇 정치 단체가 나서서 흑인들 사이에 긍정적인 정체성을 조성하는 운동을 벌이는 가운데 1960년대 초반 들어 흑인들에게 좀 더 전투적인 형태의 각성을 촉구하는 '블랙파워black power' 운동이 모습을 드러냈다. 스포츠 스타들도 공개적인 자리에서 이 운동을 지지했는데, 특히 무하마드 알리는 "그들(베트콩)은 나를 깜둥이라고 부르지 않는다"며 미군 입대를 거부해 세계 타이틀을 빼앗기기도 했다.

1968년 토미 스미스Tommie Smith와 존 카를로스John Carlos라는 아프리카계 미국인 육상 선수 두 명이 멕시코시티에서 열린 올림픽 200미터 대회에서 각각 금메달과 동메달을 딴 뒤 시상식장에서 미국 국가 〈성조기The Star-Sprangled Banner〉가 연주되는 동안 검은 장갑을 낀 손을 높이 치켜들었다. 그 둘은 (신발 없이) 양말도 검은색으로 신고 있었고, 스미스는 검은 긍지의 상징으로 검정 스카프도 두르고 있었다. 나중에 그는 이렇게 말했다. "내가 이긴다면 나는 미국 흑인이 아니라 그저 미국인이다. 하지만 내가 뭔가 나쁜 짓을 한다면 사람들은 나를 검둥이라고 부를 것이다. 우리는 흑인이며 흑인이라는 사실을 자랑스럽게 여긴다. 검은 아메리카는 오늘 밤 우리가 한 행동을 이해할 것이다."

그 이후로 이런 확고한 정체성은 흑인의 자긍심을 촉구하는 '검은 것은 아름답다Black is Beautiful' 같은 슬로건과 고등학교에서의 '흑인 역사 주간Black History Weeks', 가장 최근에는 '흑인 목숨도 소중하다Black Lives Matter'는 운동을 통해 널리 알려졌다. 이 같은 분위기는 전 세계로 확산되었는데, 그중에서도 1960년대 후반 스티브 비코Steve Biko 같은 젊은 지도자의 주도 아래 흑인의식운동the Black Consciousness movement이 전면에 등장했던 아파르트헤이트 남아프리카공화국에서의 변화가 가장 눈에 띄었다. 비코는 이 운동을 흑인은 원래 열등하다는 개념과 맞서는 수단으로 바라보았다. 왜냐하면 '압제자의 손에서 가장 강력한 힘을 발휘하는 무기는 억압된 정신'이라고 믿었기 때문이다. 그가 내린 흑인의 정의에는 아파르트헤이트에 시달려온 사람은 누구든, 따라서 아프리카인 대다수뿐만 아니라 혼혈인과 인도계 후손도 포함되었다. 비코는 "흑인을 결정하는 것은 피부 색소가 아니라 마음가짐"이라고 말했다. 그는 1977년 아파르트헤이트 보안 경찰에 살해당했다. 결국 아파르트헤이트 체제는 무너졌고 넬슨 만델라가 남아프리카공화국 최초의 흑인 대통령이 되어 집권했다.

멕시코시티에서 열린 1968년 올림픽 대회에서 팔을 치켜들어 '블랙파워' 경례를 선보이는 토미 스미스(가운데)와 존 카를로스(오른쪽).

올림픽운동은 블랙파워 경례에 어떻게 반응했을까?

나치가 마음에 들어하던 미국 올림픽위원회 위원장 에이버리 브런디지Avery Brundage는 1936년 베를린 올림픽 기간에 나치식 경례를 하는 선수들을 지지하고 나섰다. 뒤이어 국제올림픽위원회 위원장에 추대된 그는 토미 스미스와 존 카를로스가 1968년 멕시코 대회에서 항의의 의미로 '블랙파워' 경례를 선보이자 위원장 자격으로 '정치와 무관한' 올림픽에 어울리지 않는 행동이라고 비난하며 격분했다.

그는 블랙파워 경례와 달리 나치식 경례는 '국가 차원의 경례'였기 때문에 이번 사건은 1936년 베를린 올림픽과는 사정이 다르다고 주장했다. 그러면서 그 둘을 올림픽 선수촌에서 내쫓으라고 지시하며 그 지시가 받아들여지지 않을 경우 두 선수를 미국 육상팀에서 영구 제명시키겠다고 협박했다.

스미스와 카를로스는 결국 추방되었다. 사건 이후 두 메달리스트와 그 가족들은 살해 협박에 시달리기까지 했다. 오스트레일리아의 은메달리스트 피터 노먼Peter Norman은 스미스와 카를로스를 적극 지지하며 두 선수와 마찬가지로 '인권을 위한 올림픽 프로젝트(Olympic Project for Human Rights, OPHR)' 배지를 달고 시상대에 올랐다. 당시 OPHR은 '노예 에이버리'의 위원장직 퇴진을 촉구하고 있었다.

노먼은 오스트레일리아 올림픽위원회로부터 경고를 받고 1972년 뮌헨 올림픽 출전 자격을 박탈당했다. 뮌헨 올림픽에서 미국 400미터 메달리스트 빈센트 매슈스Vincent Matthews와 웨인 콜렛Wayne Collett 두 흑인 선수 역시 시상대에서 항의 운동을 벌여 쫓겨났다. 국제올림픽위원회는 2013년 홈페이지를 통해 다음과 같은 입장을 발표함으로써 마침내 과거와 조용히 화해했다. "미국 흑인 선수들은 메달 획득 말고도 인종차별에 항의하는 행동으로 이름을 남겼다."

리틀 블랙 드레스

20세기까지 서구 의류에서 검정은 주로 절제, 겸양, 애도 등을 표현하는 데 사용되었다. 이러한 역할은 지금도 여전하며 검정이 여전히 남성용 정장과 신발 색으로 가장 각광받는 이유이자 오랫동안 자동차, 전화기, 자전거, 성경 등 진지하게 취급되는 물건의 색으로 가장 많이 사랑받는 이유이기도 하다. 적어도 겉으로 보기에는 생애 대부분을 경건하게 지낸 헨리 포드는 자신의 자동차 색으로 다른 색은 일절 허용하지 않으면서 '검정이면 어떤 색도 상관없다'는 이상한 캐치프레이즈를 내세웠다.

하지만 1910년대부터 검정은 냉철하고 진지해 보이기만 하는 이미지에서 벗어나 패션을 주도하는 다양한 얼굴의 색으로 등장하기 시작했다. 이러한 추세는 1920년대 후반 나중에 '리틀 블랙 드레스(little black dress, LBD)'로 알려지게 되는 칵테일 드레스의 출현과 더불어 시작되었다. 초창기 디자이너 중 한 명인 가브리엘 코코 샤넬은 새로운 시도를 두려워하지 않았다. 언젠가 그녀는 이렇게 말했다. "여성들은 색의 부재를 제외하고 모든 색을 고려한다. 내가 보건대 검정은 그 중심에 있다. 그 점은 흰색도 마찬가지이다. 이 두 색의 아름다움은 절대적이다. 한마디로 완벽한 조화 그 자체이다."

처음부터 LBD는 길이가 비교적 짧고 디자인이 단순했지만 그 시대의 관습과 유행에 따라 길어지거나 짧아졌다. 1940년대와 1950년대로 들어와 이 드레스는 '헤프고' 위험한 여성의 야한 요소를 암시하게 되었다.

에디트 피아프Edith Piaf와 윌리스 심슨(Wallis Simpson, 영국 원저 공과의 세기의 사랑으로 유명한 미국 여성이다—옮긴이)도 이 드레스 마니아였다. 1960년대에 이르러 이 드레스는 젊은 문화를 상징하는 미니스커트 형태로 등장했지만 오드리 헵번이 〈티파니에서 아침을〉에서 위베르 드 지방시Hubert de Givenchy가 디자인한 LBD를 선보이면서 검정 드레스는 여성성의 전형으로 꼽히는 세련미도 띠게 되었다. 오늘날에도 LBD는 여전히 인기를 누리며 여성들 사이에서 시대를 초월한 영원한 패션 아이콘으로 인식되고 있다. 이와 관련해 크리스티앙 디오르Christian Dior는 다음과 같이 지적했다. "검정은 때에 상관없이 언제든 입을 수 있다. 검정은 나이에 상관없이 누구나 입을 수 있다. 검정은 거의 모든

〈티파니에서 아침을〉 홍보 사진에서 검정
드레스를 입고 포즈를 취하는 오드리 헵번.

경우에 입을 수 있다. '리틀 블랙 드레스'는 여성의 옷장에서 없어서는 안 될 필수품이다."

유행의 첨단을 걷는 검정은 헵번을 꿈꾸며 LBD를 입는 우아한 여성들에게만 국한되지 않는다. 1990년대에 들어와 (대개 검은색인) 전투화와 결합하면서 이 드레스는 그런지 문화를 대표하는 색이자 고스족(Goths, 1970년대 말 영국에서 나타난 새로운 문화 집단으로 죽음과 어둠, 공포로 대표되는 고딕 문화로의 도피라는 점에서 이런 이름이 붙었다—옮긴이)과 베를린 트렌드세터들의 필수 요소로 자리 잡았다.

검정은 드레스뿐만 아니라 청바지, 티셔츠, 스커트, 스카프, 모자, 외투, 매니큐어 등 그 무엇의 색으로도 각광받는다. 찰스 애덤스의 만화 〈애덤스 패밀리Addams Family〉의 등장인물 웬즈데이 프라이데이 애덤스는 검은색 말고 다른 옷은 아예 입을 생각을 하지 않는다. 거기서 그녀는 이렇게 말했다. "더 어두운 색이 나오면 그땐 검정을 그만 입을게."

조금이라도 더 날씬해 보이고 싶거나, 세련돼 보이고 싶거나, 침울해 보이고 싶거나, 약간 어두우면서 어딘가 그윽하고 신비해 보이고 싶거나, 창백한 얼굴을 강조하고 싶은 사람이라면 검정을 선택할 확률이 높다. 어떻게 사용하느냐에 따라 검정은 또 반항의 특징을 띠기도 했다.

조니 캐시(Johnny Cash, 컨트리 음악의 대중화에 앞장선 인물로 평가받는 미국의 싱어송라이터 겸 배우이다—옮긴이)도 검정의 매력을 다음과 같이 예찬했다. "내가 검정을 입었던 이유는 그 색을 좋아하기 때문이었다. 그 사실은 지금도 변함없으며 검정을 입는다는 것은 내게 여전히 중요한 의미를 지닌다. 내게 검정은 반항, 즉 고여 있는 현 상태에 대한, 하나님이라는 위선의 집에 대한, 타인의 생각에 마음을 닫은 사람들에 대한 반항을 상징한다."

흑사병은 왜 검은색이었을까?

림프절형 페스트bubonic plague를 '흑사병black death'으로 부른 이유는 피하 출혈 때문에 피부 밑에 시커먼 흔적을 남겼기 때문이다. 그런 흔적이 생기고 나면 신체 일부가 죽어 시커멓게 변했는데, 바로 궤사 증상이었다. 죽을 때쯤 되면 희생자는 온통 시커멓게 변해 꼴이 말이 아니었다. 지금은 이 병이 곰쥐에서 발병해 벼룩이 퍼뜨린다는 사실이 알려졌지만 그때만 해도 그렇지 않았다.

'흑사병'을 언급한 유럽 최초의 기록은 1350년으로 거슬러 올라간다. 당시 벨기에 천문학자 시몽 드 세비노Simon de Cevino는 이 병을 가리켜 '검은 죽음mors nigra'으로 불렀지만 영국에서 문제의 이름을 얻게 된 것은 1823년에 와서였다. 흑사병은 18세기 유럽, 19세기 중반의 오토만제국과 중국, 20세기 초의 오스트레일리아 오지와 미국 등지에서 잇달아 발생하며 전 세계적으로 2억 명에 이르는 목숨을 앗아간 것으로 추정된다. 마지막 발생은 2014년 마다가스카르에서 보고되었다.

페스트는 발생 시기와 지역에 따라 대죽음(The Great Mortality/Death)과 대역병The Great Plague 같은 다른 용어들로 사용되었다. 이러한 명칭이 시기만 다를 뿐 같은 질병을 가리켰는지의 여부는 확실하지 않다. 페스트 병원균은 림프절형 페스트, 폐렴형 페스트, 패혈증형 페스트라는 세 가지 형태로 나타난다.

중세 때 유럽 전역을 휩쓴 흑사병으로 고통받는 부부를 묘사한 그림.

흑인 분장

오랫동안 흑백영화와 연극에서 흑인 역할은 구두약이나 물감으로 시커멓게 분장한 백인 배우들의 몫이었다. 그중에서도 (1929년에 제작된 최초의 유성영화) 〈재즈 싱어The Jazz Singer〉의 알 졸슨Al Jolson과 〈오셀로〉(1965)의 로런스 올리비에Laurence Olivier가 가장 유명하거나 악명 높았다.

올리비에 같은 배우들이 굳이 '까매지는' 분장까지 했던 이유는 극장 측이 셰익스피어 주인공이나 다른 역을 연기할 흑인 배우를 구할 생각이 없었기 때문이다. 그러나 이를 둘러싸고 반대 의견이 높았던 이유는 극히 드문 흑인 역할을 백인 배우에게 맡겼기 때문만은 아니었다. 이는 역사와도 관련이 깊었다. 이른바 '흑인 분장'은 노예제 시기에 시

오셀로 역을 연기하기 위해 흑인 분장을 한 로런스 올리비에.

작된 미국의 민스트럴쇼로 거슬러 올라간다.

당시 배우들은 '멋쟁이 흑인'이나 '천하태평 농장 인부'를 묘사하기 위해 피부를 검게 칠하곤 했다. 이러한 쇼는 미국에서는 인권운동에 밀려 도시에서 자취를 감추기 시작한 1960년대 초반까지, 영국에서는 21년이나 장수한 BBC의 〈흑백 민스트럴쇼The Black and White Minstrel Show〉가 막을 내린 1978년까지 계속 이어졌다. 불세출의 흑인 코미디언 레니 헨리Lenny Henry도 1975년 그 쇼에 출연했다. 훗날 그는 계약에 묶인 몸이라 거절할 처지가 아니었다고 해명했다.

검은 금요일

1952년 이후로 미국 추수감사절 바로 다음 날은 크리스마스 쇼핑 시즌의 시작으로 인식되어왔다. 즉 매년 이날이면 대부분의 대형 상점들이 밤중까지 문을 열고 많은 물건을 싼 가격에 내놓는다. 당연히 쇼핑객들은 거기에 반응한다. 하지만 왜 하필 검정일까? 이에 대해 일부에서는 가게의 대차대조표가 흑자로 돌아서기 때문이라거나 심지어는 1년 중 그 무렵의 하늘은 늘 컴컴하기 때문이라고 주장하기도 한다.

진짜 이유는 이렇다. 오랫동안 사람들은 궂은 날을 '컴컴하다black'고 표현했는데(1869년의 경제공황은 '블랙 프라이데이'의 시초였다), 가게 점원과 경찰에게 이런 날은 스트레스와 혼란을 동반하는 궂은 날이었기 때문이다.

이 말은 교통사고와 폭력 사태로 이어지는 군중의 혼잡에 절망한 필라델피아 경찰이 1952년 처음 사용했다. 그러다 1970년대 중반 들어 널리 쓰이게 되었다. 이러한 전통과 '검은 금요일'이라는 명칭은 캐나다와 멕시코에 이어 유럽 전역과 인도, 남아프리카공화국, 뉴질랜드, 콜롬비아 등지로 퍼져나갔다.

금색 GOLD

금색은 무지개 끝에서 찾은 상償이요 경이와 기쁨과 풍요의 원천이다. 금은 완벽에 도달하기 위해 애쓰는 세상 모든 것에 부여하는 이름이다. 승리가 보상을 받을 때마다 늘 금색이 따라다닌다. 육상대회 승리자에게 주어지는 금메달이나 영화제에서 상을 타는 남녀에게 주어지는 금도금 조각상처럼. 침묵을 포함해 우리가 가치 있다고 말하는 것은 모두 금빛으로 반짝인다.

은색과 마찬가지로 금색도 (노랑에 가깝긴 해도) 엄밀히 따지면 색이 아니지만 오늘날의 색표에서 아주 큰 비중을 차지한다. 벼락부자의 리무진에서 금사 드레스에 이르기까지 사치스럽거나 아이러니한 치장이 필요할 때면 금색을 선택한다.

한때 금색은 다루기가 매우 까다로운 고가의 금박에서 나왔지만 지금은 아니다. 요즘에는 다양한 종류의 합성물질이 나와 싸구려든 모조품이든 겉치레가 필요한 물건을 포장하는 데 사용되고 있다. 직접 금색을 만들고 싶어하는 사람들에게는 갈색 조금에 레몬옐로를 많이 섞은 다음 흰색을 약간 떨어뜨려 마무리하는 방법이 쉬울지 모르겠지만 금색을 정확히 묘사하려는 화가라면 그 대신 금붙이에 반사된 색을 그리려 들 것이다.

가장 유명한 금빛 그림은 뭐니 뭐니 해도 구스타프 클림트의 〈아델 블로흐-바우어의 초상IPortrait of Adele Bloch-Bauer I〉(화가의 후원자이자 친구인 부유한 빈 여성 아델 블로흐-바우어를 그린 1907년 작품)이다. 선명한 금색을 배경으로 소용돌이치는 화려한 금빛 드레스 차림의 블로흐-바우어를 그린 이 그림은 훗날 그의 '황금시대'로 불리게 되는 시기의 마지막 작품으로, 금박과 오일을 사용해 3년 넘게 그렸다. 1941년 나치는 블로흐-바우어의 집에서 이 그림을 압수해 유대인 여성을 그린 그림이라는 사실은 일절 언급하지 않고 (그저 '어느 여인의 초상'이라는 제목으로) 전시했다. 2000년 블로흐-바우어의 질녀 마리아 알트만Maria Altmann은 오스트리아를 상대로 미국 법정에 그림 반환 청구 소송을 제기해 결국 승소했다. 이 이야기는 헬렌 미런Helen Mirren이 주연한 2015년 영화 〈우먼 인 골드Woman in Gold〉에 소개되었다.

금색에 대해 이야기할 때 색과 물질을 분리하기란 좀처럼 쉽지 않다. 물질의 가치에서 색의 효과가 나오기 때문이다. 중동의 누군가가 (아마도 약 7천 년 전쯤에) 금광이나 강에서 처음으로 금 또는 사금을 채취해 물건을 만든 이후로 금은 모든 금속을 통틀어 최고의 자리를 차

구스타프 클림트의 〈아델 블로흐-바우어의 초상 I〉.

지해왔다.

상대적 희소성과 광택, 연질 금속으로서 금의 유연성과 내변색성은 보석류와 그 밖에 부를 과시하는 장신구뿐만 아니라 통화로서도 한결같이 다재다능한 면모를 보여왔다. 20세기에 들어와 금은 전기 단자, 사진 현상용 토너, 의치 마감재, 고급 CD의 반사층, F1 머신의 방열판, 비행기 조종석 유리창의 제빙용 초박층에도 사용되었다.

금박은 사진에서 보듯 중세의 아름다운 채색사본에도 종종 사용되었다.

미다스 왕과 황금 손길

금의 가치는 예나 지금이나 가격으로 나타난다. 금을 갈구하는 탐욕의 도덕적 대가를 둘러싼 경고성 우화는 시대를 초월해 공감을 불러일으킨다.

그중에서도 가장 공감을 불러일으키는 이야기는 미다스 왕과 죽음을 부르는 그의 황금 손 이야기가 아닐까 싶다. 실제로 미다스는 BC 7세기 또는 8세기에 그리스 프리지아Phrygia 지방을 다스렸다. 그가 죽고 나서(황소 피를 마셔 자살했다고 전해진다) 수많은 전설이 생겨났다. 그중에는 그가 손대는 것마다 황금으로 변했다는 전설도 있었다.

초기의 아리스토텔레스 버전에서 그는 '허황된 기도'가 진짜로 이루어지는 바람에 굶어 죽는다. 로마 시인 오비디우스는 이 이야기를 다시 썼다. 그의 이야기에서 수확의 신 디오니소스는 양부이자 선생인 사티로스 실레니우스가 없어졌다는 소식을 접한다. 농부들이 실레니우스를 발견하고 미다스 왕에게 데려가자 왕은 그를 알아보고 극진히 대접한 다음 디오니소스에게 돌려보낸다.

이를 고맙게 여긴 신이 미다스 왕에게 소원 하나를 말해보라고 하자 그는 자신의 손길이 닿는 것마다 황금으로 변하게 해달라고 청한다. 하지만 음식이든 음료든 뭐든 황금으로 변하자 왕은 자신의 기도를 저주한다. 세월이 지나면서 이야기에는 살이 덧붙여졌고, 19세기 들어 미국 소설가 너새니얼 호손이 손질해 아동용 책에 소개한 이야기에는 미다스 왕의 사랑하는 딸이 등장한다. 왕은 자신의 손길에 딸마저 황금으로 변하자 디오니소스에게 제발 이 상태에서 벗어나게 해달라고 간청한다. 디오니소스의 지시에 따라 팍톨루스강에서 몸을 씻자 강이 황금으로 변하면서 그는 황금 손길의 저주에서 풀려난다. 그 뒤로 미다스는 황금과 부를 멀리하고 대신 야생의 신 판을 숭배하게 되었다.

이 전설 뒤에 숨은 풍자는 문학에서 거듭 등장해왔다. 예를 들어 자주 인용되는 "반짝인다고 해서 다 금은 아니다all that glitters is not gold"라는 표현을 살펴보자. 겉으로 보기에 소중하거나 마음에 든다고 해서 다 훌륭하지는 않다는 뜻의 이 어구는 1596년 셰익스피어의 여주인공 포샤가 《베니스의 상인》에서 내는 수수께끼 중 하나의 첫 문장이다. 이는 "금박을 입힌 무덤에 벌레가 들끓는다"는 경고로 이어진다. 물론 포샤도 셰익스피어도 여기에 대해 저작권을 주장하지 않는다. 어쨌든

미다스 왕의 황금 손은 그의 딸까지 황금으로 변하게 한다. 돈과 부를 탐하는 이들에게 유익한 교훈이 아닐 수 없다.

· MIDAS' · DAUGHTER · TURNED · TO · GOLD ·

포샤가 낸 수수께끼의 두 번째 문장은 "그런 말 종종 들었을지니"이다.

시기상으로 이보다 앞서는 이야기는 초서의 《농부의 이야기*Yeoman's Tale*》에 나온다. 그 내용을 소개하면 이렇다. "하지만 내가 듣기로 금처럼 반짝인다고 해서 다 금이 아니거늘But al thing which that shyneth as gold / Nis nat gold, as that I have herd it told." 초서는 《영예의 집*The House of Fame*》에서도 이 주제에 집착한다. "반짝인다고 해서 금이 아니다Hyt is not al golde that glareth." 미다스 왕의 전설처럼 이 이야기도 고대로 거슬러 올라간다. 라틴어 문구 "Non omne quod nitet aurum est"를 번역하면 이런 뜻이다. "반짝인다고 해서 다 금은 아니다."

미다스 왕 이야기의 주제를 변형해 다루고 있는 (비교적) 최근의 예는 조지 엘리엇George Eliot의 웅상한 우화 소설 《사일러스 마니*Silas Marner*》에서 나온다. 거기서 작품명과 이름이 동일한 주인공은 황금을 모으며 삭막하고 고립된 삶을 살지만 금을 도둑맞은 뒤 금발의 고아 계집아이 에피를 우연히 발견하고 자기 딸처럼 키우며 행복과 만족을 찾게 되는데, 이러한 행복과 만족은 그가 만지는 것마다 그대로 옮겨간다.

황금빛 비밀

금의 발견은 사람들과 세상을 바꿔놓는다. 1848년 캘리포니아 콜로마에서 금이 발견되자 그 이듬해 30만 명에 이르는 사람들이 한몫 챙기러 몰려갔고 그 와중에 샌프란시스코는 촌에서 도시로 탈바꿈했다. 그 사람들은 포티나이너스49ers(1849년에 몰려들었다고 해서 붙여진 이름이다—옮긴이)로 알려졌다.

금은 대개 지표면 아래의 바위층에서 발견되며, 이 가운데 대부분은 아프리카 남부의 광산에서 나온다. 이는 19세기의 마지막 대전 중 하나이자 20세기의 첫 번째 대전인 앵글로-보어 전쟁(1899~1902)의 원인으로 작용했다. 전쟁은 영국인들이 아프리카인들로부터 빼앗은 땅에서 보어인들을 몰아내면서 촉발되었다. 1886년에 시작되어 요하네스버그의 개발로 이어진 비트바테르스란트Witwatersrand의 골드러시는 그 지역에서 맨 처음 금광이 발견되고 나서 약 900년 뒤에 발생했다.

1935년 남아프리카공화국 정부가 기용한 고고학자들은 림포포강

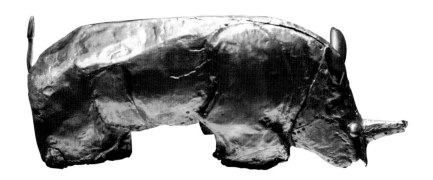

남아프리카공화국 마풍구브웨 언덕 유적지에서 나온 금박 코뿔소 조각상.

근처의 마풍구브웨Mapungubwe라는 언덕에서 철기시대 유적지를 발견했다. 연대가 1000년으로 거슬러 올라가는 그곳 유물들 중에는 도자기뿐만 아니라 유리, 주석, 상아, 구리로 만든 장신구도 들어 있었다. 이 밖에 지배층의 부장품으로 사용된 금붙이도 몇 점 있었다.

그중에서도 가장 놀라운 유물은 정교하게 조각해 금박을 입힌 조그만 코뿔소였다. 제작 연대는 13세기였다. 거기에 사용된 금은 그 지역 광산에서 채굴해 제련한 것으로 밝혀졌다. 백인 정부 관리들은 이 유적지를 보호구역으로 정하고 조사 결과를 일절 비밀에 부쳤다. 아프리카 사람들이 수백 년 전에 이미 금을 채굴했을 뿐만 아니라 정교한 금세공까지 했다는 사실이 널리 알려지는 것을 달가워하지 않았기 때문이다. 이 유물 중 상당수는 그 나라가 민주화되고 나서 8년 뒤 행정 수도 프리토리아의 한 밀실에서 발견되었다.

지금은 마풍구브웨가 중국, 인도, 중동에 이르는 무역로와 더불어 탄자니아로까지 이어지는 아프리카 동부 해안을 따라 남아프리카의 금광을 연결하는 요새화된 무역망의 일부였다는 사실이 알려졌다.

이들 도시국가의 가장 인상적인 유적지는 오늘날 그레이트짐바브웨로 알려진 722헥타르 면적에 1만 8천 명이 거주했던 왕궁이다. 왕궁은 900년 전에 건축되기 시작했으며, 공사가 끝나고 나서 200년 뒤 그레이트짐바브웨 주변에서 약 2천만 온스의 금을 채굴했던 것으로 추정하고 있다.

15세기의 포르투갈 무역상들이 남긴 기록은 왕궁이 금광으로 둘러싸여 있었다고 전한다. 백인 로디지아 정부는 고고학자들이 (쇼나족 선조들이 11세기부터 이 왕궁을 짓기 시작했다는) 사실에 대해 일절 함구하고 대신 아랍 '함족'이 연대 미상의 시기에 지었다고 말하도록 지시했다.

블론드

한때 아프리카 금광업의 중심지였던 도시 국가 그레이트짐바브웨 유적지.

머리색이 옅은 매력적인 젊은 여성을 흔히들 '금발 미인'이라고 부르지만 머리카락이 정말 금색이라면 이상해 보일 것이다. 이와 관련해 '노랑'이라는 대안도 있지만 "노랑은 우리 애인의 머리색Yellow is the colour of my true love's hair"이라고 노래한 포크 가수 도노반Donovan 말고는 여성의 긴 머리를 표현하는 형용사로 노랑을 선택한 사람은 많지 않았다. 그 대신 옅은 색보다 좀 더 활기차면서 황금빛보다 겉치레가 덜한 단어가 있다. 바로 블론드이다.

　(유멜라닌이라는 어두운 색소 수치가 낮아 나타나는) 금발은 때로 화이트블론드white-blonde, 골든블론드golden-blonde, 허니블론드honey-blonde, 플래티넘블론드platinum-blonde, 스트로베리블론드strawberry-blonde, 샌디블론드sandy-blonde, 다크블론드dark-blonde, 애시블론드ash-blonde, 더티블론드dirty-blonde 같은 형용사를 추가하기도 한다. 그중에서도 가장

으뜸은 물론 골든블론드다.

블론드와 관련한 최초의 영어 기록은 1481년으로 거슬러 올라가지만 이 말이 '옅은 색fair'이라는 표현을 밀어내기까지는 꽤 오랜 시간이 걸렸다. 이 말의 기원은 프랑스어인데, 그 프랑스어는 '노랗다'를 뜻하는 고대 라틴어 'flavus'가 조악화된 형태인 중세 라틴어 'blundus'에서 왔다.

오늘날 '블론드'는 그 자체만으로도 굉장히 많은 의미를 지닌다. 남성에게도 블론드라는 표현을 쓸 수 있을진 몰라도 아무 수식 없이 그저 '블론드a blond'라고 부르는 경우는 없다. 하지만 여성의 경우 이 머리색은 그녀의 존재 자체를 정의하는 데 사용될 수도 있다. 예를 들어 "그 여자는 블론드야", "저기 저 키 큰 블론드 여자 말이야", "그 여자 염색했는지 블론드가 됐더라" 등등이 그렇다.

여기서도 시류를 타는 형용사가 있다. 예를 들어 '매혹적인 블론드rashing blonde'는 어딘지 맹해 보이는 '백치 블론드dumb blonde'를 뜻할 수도 있다. 이보다 적극적인 의미로는 팝 스타 마돈나의 도발적일 만큼 선정적인 1990년 월드 투어 '블론드 앰비션Blonde Ambition'을 꼽을 수 있다. 어떤 면에서 이 투어는 같은 제목의 책과 (결국 성공하고야 마

마돈나의 '블론드 앰비션' 월드 투어는 '블론드'라는 상표를 좀 더 적극적으로 사용한 사례였다.

는 당찬 블론드에 관한) 2007년 영화 〈블론드 앰비션〉에 영감을 주었다고 해도 과언이 아니다.

사람들 눈에는 그 반대로 보일지도 모르지만 세계 인구의 98퍼센트가 자연스러운 블론드가 아니다. 하지만 몇몇 진화심리학자들은 블론드는 성적 선택을 통해 진화했으며, 남성은 뭐라고 정의하기 힘든 뇌의 생물학적 과정을 통해 블론드가 선천적으로 섹시하다고 생각하도록 진화했다고 주장한다.

그러나 이러한 견해를 뒷받침하는 증거는 없으며 지역별 분포 양상은 순전히 환경이 그 원인이라고 말한다.

블론드는 스칸디나비아와 발트해 국가들에서 맨 처음 진화했으며, 이곳은 오늘날에도 블론드가 가장 많은 곳이다. 나치기 이 머리색을 이상적인 아리아족의 머리로 바라보았던 독일보다 더 많다. 북부 유럽에서 진행된 블론드의 진화는 옅은 색 피부를 지향하는 자연 선택과 관계가 깊은데, 이는 옅은 색 피부가 햇빛의 자외선을 활용해 비타민 D를 합성하는 능력이 더 뛰어나기 때문이다.

하지만 조상이 극지 가까운 곳에서 생활하며 주로 해산물과 기타 단백질을 식량원으로 섭취했다면 옅은 피부와 머리색으로 진화해야 할 필요성이 줄어들었을 것이다. 이누이트족이 검은 머리에 가무잡잡한 피부인 이유는 이 때문이기도 하다. 최근 들어 일본 대학교 몇 곳에서 블론드 형질을 나타내는 유전자 돌연변이에 대해 연구한 결과 그 첫 발생 연대가 약 1만 1천 년 전으로 거슬러 올라가는 것으로 나왔다.

블론드가 갈색이나 검정, 빨강보다 처음부터 더 매력적이지는 않았다. 게다가 그 문화적 지위도 늘 그렇게 안정적이지는 않았다. 어쨌든 1812년 《백설공주》가 세상에 나올 당시 그림 형제는 여주인공들에게 '칠흑처럼 까만' 머리색을 부여했다. 블론드의 인기가 높아지는 가운데 초창기 흑백영화에서 이 머리색이 상대적으로 더 도드라져 보였고, 광고 모델들은 바로 그 점에 주목했다.

마릴린 먼로의 전성기였던 1950년대 이후로 블론드는 성적 매력과 연관되었으며, 몇몇 설문조사 결과 블론드의 여종업원이 가장 많은 팁을 받는 것으로 나타나는 이유는 어쩌면 이 때문인지도 모른다.

블론드는 오래전부터 젊은 층 사이에서도 영향력이 높았다. 그 이유는 블론드로 태어난 아이들이 나이가 들면서 갈색으로 바뀌는 경우가 많기 때문이다. 하지만 오늘날의 머리 염색제는 접근의 용이성을 무기로 블론드의 민주화를 가져왔고, 그 결과 머리카락이 상대적으로 검

마릴린 먼로의 블론드는 이 색이 성적 매력의 상징이자 20세기의 영원한 인기 색이라는 명성을 얻는 데 기여했다.

은 여성들은 블론드가 재미있는 기회를 정말 더 많이 누릴 뿐만 아니라 남자들이 블론드를 정말 더 좋아한다면 그 색으로 쭉 가는 것도 나쁘지 않겠다는 결론을 내리기에 이르렀다.

1950년대만 해도 25세 이상의 영국과 미국 여성 중 겨우 8퍼센트만 블론드로 염색했다. 하지만 오늘날 두 나라의 연구 결과에 따르면 그 수치는 50퍼센트와 75퍼센트 사이에서 왔다 갔다 하며, 색깔도 다양한 것으로 나타난다. 타고난 블론드가 매우 드문 이들 나라를 비롯해 블론드로 염색하는 남성 숫자의 증가는 그런 유행을 따르는 결과로 보인다. 그들도 백치 블론드로 불리게 될까, 아니면 금발 미남으로 불리게 될까?

침묵은 언제 금빛을 띠게 됐을까?

침묵을 지키는 것이 속내를 드러내는 것보다 낫다는 격언은 그 유래가 다소 모호하다. 영국 출신의 시인이자 소설가 토머스 칼라일Thomas Carlyle은 스위스에서 쓰는 독일어에서 이 말을 빌려와 침묵을 주제로 다룬 1836년 소설《의상철학 Sartor Resartus》에서 이를 번역했다. 그는 이렇게 썼다. "스위스의 명문에 적힌 대로 웅변은 은이요, 침묵은 금이다." 이 어구는 600년으로 거슬러 올라가는데, '미드라시Midrash'라는 율법 주석서에서 처음 사용되었다고 전해진다. 이 주석서에는 이 말고도 훈계성 격언들이 많이 수록되어 있다. 이 어구를 가장 잘 사용한 사람은 무하마드 알리가 아닐까 싶다. 그는 이렇게 말했다. "좋은 답변이 생각나지 않을 때는 침묵이 금이다."

후기

태어나는 순간부터 우리는 색을 둘러싼 서로 다른 사실과 견해에 파묻히게 된다.

어떤 문화에서 태어나든 우리는 그 문화의 신념 체계와 관습에 따라 달라지는 일차색과 이차색에 관한 기본 정보를 습득한다. 물론 몇몇 색의 의미는 널리 공유되기도 한다. 예를 들어 빨강은 다른 무엇보다도 피와 위험과 연관되며, 흰색은 적어도 순결이라는 한 가지 측면에서 공통점을 지닌다.

그러나 색의 정의로 넘어오면 시간과 장소에 따라 배우는 내용이 달라질 수도 있다. 색을 정의하고 색과 관련해 사물에 이름을 붙이는 데서 벗어나 상징의 세계로 들어가면 연상을 정확히 이해하기가 어려워진다.

오늘날의 우리와 두뇌 수준이 같았던 현생 인류는 적어도 10만 년 동안 상징으로 넘쳐나는 생활을 영위했다. 이는 우리를 인간으로 만드는 특징, 즉 상상하는 능력, 추상적으로 생각하는 능력, 다른 사람의 입장에서 생각하는 능력, 언어를 사용해 우리의 생각과 희구와 꿈을 전달하는 능력의 중요한 일부를 이루기도 한다. 그 결과 우리는 우리가 마주치는 당혹스러운 세상을 기준으로 색의 의미와 지위를 부여한다.

그러나 우리가 채택하는 상징은 우리가 생각하는 것만큼 그렇게 보편적이지 않다. 그 이유는 다른 환경, 다른 역사, 다른 문화적 경험이 세상과 삶을 다른 눈으로 바라보도록 하기 때문이다. 따라서 색의 의미가 부침을 거듭하면서 시대와 장소에 따라 끊임없이 바뀐다 해도 그리 놀랄 일은 아니다.

대체 가능한 이런 의미들은 때로 문화 깊숙이 뿌리를 내리기도 한다. 우리는 다만 검정이 세계 일부 지역에서는 죽음과 연관되는 데 비해 다른 지역에서는 그렇지 않은 이유를 그저 짐작할 수 있을 뿐이다. 또 어떤 때는 문화에 기반한 의미가 매우 구체적인 기원에서 나오기도 한다. 영어를 사용하는 세계는 400년 전 그 세계의 가장 위대한 극작가이자 시인이 남긴 작품 때문에 질투를 초록색으로 바라본다. 그런가 하면 이슬람 세계는 코란에 나오는 주요 인물들 때문에 똑같은 색에 고결한 의미를 부여한다.

그러나 그 기원이 고대냐 현대냐 상관없이 우리 대부분은 우리의 색 개념을 초창기 시절에 흡수해 각기 다른 색이 함축하는 의미에 대한 사고 체계와, 나아가서는 색깔 선택과 관련해 무엇이 옳고 무엇이 그른지에 대한 기준으로까지 발전시켜 나간다. 우리는 색을 바라보는 우리의 시각이 보편적이라고 생각할지 모르지만 실제로 이런 시각 대부분은 문화적 전승의 결과이며, 그러한 시각은 시간이 지나면 얼마든지 바뀔 수 있다. 다시 말해 우리의 색 인식은 문화의 우연한 산물일 뿐이다.

이 책은 피, 불, 순결, 죽음, 삶을 상징하는 특정 색의 영원한 의미에서 벗어나는 순간 나머지 색도 눈에 들어온다는 점을 보여주려 했다.

감사의 말

몇몇 사람들의 도움이 없었다면 이 책은 세상에 나오지 못했을 것이다. 특히 두 명에게 감사하고 싶다. 늘 활기 넘치는 나의 에이전트 앤드루 로니는 나를 대신해 앞서 나온 책 세 권의 실무를 맡아 처리해주었을 뿐만 아니라 이번 책의 출간에 필요한 협상도 맡아 진행해주었다. 언제나 내게 격려를 아끼지 않는 나의 전담 편집자 조지 모즐리는 참신한 아이디어를 끊임없이 공급하면서 나의 의견에 늘 반응을 보여줬을 뿐만 아니라 편집 작업과 사진 게재 승인 요청 등 책 출간과 관련해 필요한 일이라면 끝까지 붙잡고 손에서 놓지 않았다. 그와 함께 일하는 동안 내내 즐거웠다. 아울러 이 책이 지금처럼 아름다운 모습을 갖출 수 있게 사진 조사 작업을 맡아 진행해준 주디스 파머와 뒤죽박죽 상태의 이 퍼즐 조각들을 이처럼 근사하게 정리해준 디자이너 대런 조던에게도 고마움을 전한다.

참고문헌

이 책 《컬러 인문학》의 조사 작업은 색을 사용하는 예술가 및 기타 전문가들과 함께 진행한 일련의 인터뷰와 토론에서 출발했다. 아울러 색과 색채 인식을 다룬 난해하기 짝이 없는 학술 논문도 수없이 읽었다. 물론 광범위한 인터넷 자료도 포함되어 있다. 그 밖에 색채와 관련해 지금까지 나온 책들을 통해서도 영감을 얻었다. 특히 다음에 소개하는 책들은 꼭 한번 읽어보기를 강력하게 추천한다.

Johann Eckstut and Arielle Eckstut, *The Secret Language of Color*, Black Dog and Leventhal Publishers, New York, 2013. (《컬러, 그 비밀스러운 언어》, 시그마북스, 2014)

Victoria Finlay, *Colour*, Hodder and Stoughton, London, 2002. (《컬러 여행》, 아트북스, 2005)

Victoria Finlay, *The Brilliant History of Color in Art*, Getty Publications, Los Angeles, 2014.

David Hornung, *Colour: a workshop for artists and designers*, Laurence King Publishing, London, 2012.

Derek Jarman, *Chroma*, Century, London, 1994.

Kassia St Clair, *The Secret Lives of Colour*, John Murray, London, 2016.

Jude Stewart, *Roy G Biv: An Exceedingly Surprising Book About Color*, Bloomsbury, New York and London, 2013. (《무지개에는 왜 갈색이 없을까?》, 아트북스, 2014)

Anne Varichon, *Colours: What They Mean and How to Make Them*, Abrams, New York, 2006.

사진 출처

서문
8~9쪽
Rhyme and Reason 2007 © Lara Harwood 2017

11쪽
Everett Historical/Shutterstock.com

13쪽
(왼쪽 그리고 오른쪽) Atypeek/iStock

14쪽
Mark Fairchild/Creative Commons CC BY-SA 3.0

16쪽
(왼쪽 위) Claude Monet, *Rouen Cathedral, West Facade*, 1894; image Everett-Art/Shutterstock.com
(오른쪽 위) Claude Monet, *Rouen Cathedral (Harmony in Blue and Gold)*, 1893, Musée d'Orsay, Paris; image The Yorck Project: *10,000 Meisterwerke der Malerei*, DIRECTMEDIA Publishing GmbH
(왼쪽 아래) Claude Monet, *Rouen Cathedral (Harmony in Blue)*, 1893, Musée d'Orsay, Paris; image The Yorck Project: *10,000 Meisterwerke der Malerei*, DIRECTMEDIA Publishing GmbH
(오른쪽 아래) Claude Monet, *Rouen Cathedral, West Facade, Sunlight*, 1894; image Everett-Art/Shutterstock.com

19쪽
Illustration for HHMI Annual Report 2008
© Lara Harwood 2017

빨강
20~21쪽
Fine Art Images/Heritage Images/Getty Images

23쪽
(위) Anna Zieminski/AFP/Getty Images
(아래) Eduardo Rivero/Shutterstock.com

24쪽
Brent Stirton/Getty Images

26쪽
SatpalSingh/Shutterstock.com

27쪽
VCG via Getty Images

29쪽
(왼쪽) Silver Screen Collection/Hulton Archive/Getty Images
(오른쪽) Constance Bannister Corp/Getty Images

30쪽
Illustration by Hugh Thomson from *The Scarlet Letter* by Nathaniel Hawthorne, George H. Doran Company, New York (1920)

31쪽
(왼쪽) Illustration from *A Apple Pie & Other Nursery Tales*, George Routledge and Sons, London & New York (c. 1870)
(오른쪽) Illustration by W. Heath Robinson from *Hans Andersen's Fairy Tales*, Constable & Co. Ltd., London (1913)

33쪽
(왼쪽 위) Illustration from *Modern Times and the Living Past* by Henry W. Elson, American Book Company (c. 1921)
(오른쪽 위) Popular Graphic Arts, Prints & Photographs Division, Library of Congress, LC-DIG-pga-02437
(왼쪽 아래) Sipa Press/REX/Shutterstock
(오른쪽 아래) Bettmann/Getty Images

34쪽
akg-images/Universal History Group/Universal History Archive

37쪽
ClassicStock.com/SuperStock

38쪽
Agnolo Bronzino, *A Young Woman and Her Little Boy*, c.1540, National Gallery of Art, Washington, D.C.; image Everett-Art/Shutterstock.com

40쪽
(왼쪽 위) AmandaLewis/iStock
(오른쪽 위) Courtesy of retrographik.com
(왼쪽 아래) Victorian Traditions/Shutterstock.com
(오른쪽 아래) Victorian Traditions/Shutterstock.com

주황

42~43쪽
Thierry Falise/LightRocket via Getty Images

45쪽
Prisma/UIG/Getty Images

47쪽
(위) User5387422_776/iStock
(아래) Map from *Le Theatre du Monde, ou Nouvel Atlas*, vol. 2, by Guillaume and Jean Blaeu, Amsterdam (1647)

49쪽
(위) Illustration from *Seal and Flag of the City of New York 1665–1915*, The Knickerbocker Press (1915)
(아래) Popular Graphic Arts, Prints & Photographs Division, Library of Congress, LC-DIG-pga-01879

50쪽
John Reardon/REX/Shutterstock

53쪽
John Gurzinski/AFP/Getty Images

55쪽
tbradford/iStock

갈색

56~57쪽
JeremyRichards/Shutterstock.com

59쪽
Courtesy of the Spanish National Research Council (CSIC)

60쪽
Gianni Dagli Orti/REX/Shutterstock

62쪽
Mary Evans Picture Library/SZ Photo/Scheri

63쪽
Artist Posters, Prints & Photographs Division, Library of Congress, LC-DIG-ppmsca-18745

65쪽
(왼쪽 위) Illustration from *The Children's Story of the War* by Sir Edward Parrott. M.A., LL.D, Thomas Nelson and Sons (1917)
(오른쪽 위) Illustration by Major A. C. Lovett from *The Armies of India* by Major G. F. MacMunn, D.S.O., Adam and Charles Black, London (1911)
(왼쪽 아래) FashionStock.com/Shutterstock.com
(오른쪽 아래) FashionStock.com/Shutterstock.com

67쪽
(위) From *Teddy Bear* (26 September 1964), Image © Look and Learn

(왼쪽 아래) Mary Evans Picture Library
(오른쪽 아래) Illustration by Alice B. Woodward from *The Brownies & Other Tales* by Juliana Horatia Ewing, G.Bell & Sons Ltd., London (1920)

노랑

68~69쪽
Carl Gustav Hellqvist, 1882, *Valdemar Atterdag Holding Visby to Ransom*, 1361, Nationalmuseum, Stockholm; image Fine Art Images/Heritage Images/Getty Images

71쪽
De Agostini/Getty Images

73쪽
Mary Evans Picture Library

75쪽
Miller NAWSA Suffrage Scrapbooks, 1897~1911, Rare Book and Special Collections Division, Library of Congress, LC-rbcmil.scrp4000702

76쪽
Helen H. Richardson/*The Denver Post* via Getty Images

77쪽
Xaume Olleros/AFP/Getty Images

78쪽
Illustration from *Le Costume Ancien et Moderne: Asie*, vol. 1 by Giulio Ferrario, Milan (1815)

79쪽
KeystoneUSA-ZUMA/REX/Shutterstock

80쪽
hecke61/Shutterstock.com

81쪽
Editorial cartoon, 1899

83쪽
Mary Evans Picture Library

85쪽
Vincent Van Gogh, *The Good Samaritan (after Delacroix)*, 1890, Kroeller-Mueller Museum, Netherlands; image The Yorck Project: *10,000 Meisterwerke der Malerei*, DIRECTMEDIA Publishing GmbH

86쪽
Moviestore Collection/REX/Shutterstock

87쪽
Illustration of The Yellow Kid by Richard Fenton Outcault reprinted from *Antique Phonograph Monthly* magazine,

vol.3, no. 8 (Oct. 1975) courtesy of Allen Koenigsberg (publisher) and Robert Feinstein (author)

초록

88~89쪽
Asif Waseem/Shutterstock.com

91쪽
Thoom/Shutterstock.com

93쪽
(왼쪽) Illustration by Arthur Rackham from *A Midsummer-Night's Dream* by William Shakespeare, Doubleday, Page & Co., New York (1914)
(오른쪽) Buyenlarge/SuperStock

95쪽
© The British Library Board. All rights reserved./Bridgeman Images

97쪽
Illustration from *Robin Hood and his Merry Outlaws*, George Harrap (c. 1910); image © Look and Learn

98쪽
Transcendental Graphics/Getty Images

100쪽
Anna Pakutina/Shutterstock.com

101쪽
Arthur Simoes/Shutterstock.com

102쪽
Michael Pacher, *St. Augustine and the Devil*, c. 1471~1475, Alte Pinakothek, Munich; image The Yorck Project: *10,000 Meisterwerke der Malerei*, DIRECTMEDIA Publishing GmbH

103쪽
Esa Hiltula/age fotostock/SuperStock

104쪽
Fine Art Images/SuperStock

107쪽
Illustration by Arthur Rackham from *Peter Pan in Kensington Gardens* by J. M. Barrie, Hodder & Stoughton, London (c. 1912)

파랑

108~109쪽
Kokhanchikov/Shutterstock.com

111쪽
(왼쪽) Werner Forman/Universal Images Group/Getty Images
(오른쪽) Werner Forman/Universal Images Group/Getty Images

112쪽
(왼쪽 위) BBC Motion Picture Gallery/Getty Images
(오른쪽 위) BBC Motion Picture Gallery/Getty Images
(아래) paveir/Shutterstock.com

115쪽
Courtesy of YouGov/yougov.com

116쪽
(왼쪽) age fotostock/SuperStock
(오른쪽) ACME Imagery/SuperStock

117쪽
(위) © Ashmolean Museum/Mary Evans Picture Library
(아래) Ephotocorp/age fotostock/SuperStock

119쪽
(왼쪽) Jaroslav Moravcik/Shutterstock.com
(오른쪽) Durham Cathedral Library, MS A.I.19A, folio 207v, reproduced by kind permission of the Chapter of Durham Cathedral

120쪽
Jon Super/AFP/Getty Images

122쪽
Leonid Andronov/iStock

123쪽
Mehmet Cetin/Shutterstock.com

125쪽
Illustration by Gordon Frederick Browne from *Heroes & Heroines of English History* by Ernest Nister (c.1895); image © Look and Learn

126쪽
Quick Shot/Shutterstock.com

127쪽
Education Images/UIG via Getty Images

129쪽
Illustration from *Il Costume Antico e Moderno*, vol. I, by Giulio Ferrario, Florence (1826)

131쪽
Courtesy of the Advertising Archives

133쪽
Courtesy of the Advertising Archives

보라

134~135쪽
age fotostock/SuperStock

137쪽
Mosaic of Emperor Justinian I, Basilica of San Vitale, Ravenna; image The Yorck Project: *10,000 Meisterwerke der Malerei*, DIRECTMEDIA Publishing GmbH

139쪽
Illustration from *Antony and Cleopatra* by William Shakespeare, Booklovers Edition, The University Society, New York (1901)

141쪽
Illustration by Warwick Goble from *The Complete Poetical Works of Geoffrey Chaucer*, The Macmillan Company, New York (1912)

142쪽
valeaielli/iStock

143쪽
akg-images/Pictures From History

145쪽
Science and Society/SuperStock

147쪽
From the 1922 Standard Color Card, Fall Season, issued by the Textile Color Card Association (now CAUS)

148쪽
Henry Diltz/Corbis via Getty Images

151쪽
Yawar Nazir/Getty Images

분홍

152~153쪽
Courtesy of Patrick Carney of thepinktriangle.com

155쪽
Photo by Manfred Brueckels/Wikimedia Commons/CC BY-SA 3.0

157쪽
(왼쪽) Thomas Gainsborough, *Francis Nicholls 'The Pink Boy'*, 1782, oil on canvas; 1676x1168mm; Waddesdon (National Trust) Bequest of James de Rothschild, 1957. acc. no. 2508. Photo © National Trust, Waddesdon Manor
(오른쪽) Jacques-Emile Blanche, *Portrait of a boy in a pink sailor suit*, 19th c./Private Collection/Roy Miles Fine Paintings/Bridgeman Images

158쪽
George Karger/Pix Inc./The LIFE Images Collection/Getty Images

159쪽
Courtesy of Historyworld.co.uk

161쪽
(왼쪽 위) Courtesy of The Advertising Archives
(오른쪽 위) Courtesy of The Advertising Archives
(아래) 1955 Dodge La Femme advertisement

162쪽
(위) Courtesy of The Advertising Archives
(왼쪽 아래) 1969 Lustre Creme advertisement
(오른쪽 아래) 1968 Lustre Creme advertisement

164쪽
John Moore/Getty Images

흰색

166~167쪽
Zurijeta/iStock

169쪽
(왼쪽) Illustration by Warwick Goble from *The Fairy Book*, Macmillan and Co., Limited, London (1913)
(오른쪽) Illustration by Warwick Goble from *The Fairy Book*, Macmillan and Co., Limited, London (1913)

171쪽
ZUMA Press, Inc./Alamy

172쪽
Bule Sky Studio/Shutterstock.com

173쪽
(왼쪽) Unknown artist, Southern Germany, *A Bridal Couple*, c. 1470, Cleveland Museum of Art; image The Yorck Project: *10,000 Meisterwerke der Malerei*, DIRECTMEDIA Publishing GmbH
(오른쪽) Nils Jorgensen/REX/Shutterstock

174쪽
Joseph Walter West, 20th c., *A Quaker Wedding (Love and Loyalty)*; photo Universal History Archive/UIG via Getty Images

176쪽
Unknown artist, French, 18th c., *Portrait of Young Girl with a Dog*; photo DeAgostini/SuperStock

179쪽
NGI.417, After Francis Cotes (1726~1770), *Portrait of Maria Gunning, Countess of Coventry (1733~1760), Wife of the 6th Earl*, after 1751, oil on canvas, 75x62cm, National

Gallery of Ireland Collection; photo © National Gallery of Ireland

180쪽
Rosseforp/imageBROKER/SuperStock

183쪽
Bettmann/Getty Images

검정
184~185쪽
From *The Book of the Dead: Papyrus of Ani*, vol 1, Sir E. A. Wallis Budge, The Medici Society Ltd., London (1913)

187쪽
(왼쪽) Illustration from *Mythologie de la Jeunesse*, Pierre Blanchard (1803); photo Stefano Bianchetti/Alamy
(오른쪽) Kali as the Supreme Deity, c.1800, acc. no. W.897, The Walters Art Museum. Baltimore, USA; image courtesy of The Walters Art Museum

189쪽
Illustration for Hutchinson's History of the Nations; image © Look and Learn

190쪽
(왼쪽) Everett Historical/Shutterstock.com
(오른쪽) Sergey Goryachev/Shutterstock.com

193쪽
Hulton Archive/Getty Images

194쪽
Rolls Press/Popperfoto/Getty Images

197쪽
Donaldson Collection/Michael Ochs Archives/Getty Images

199쪽
VCG Wilson/Corbis via Getty Images

200쪽
Warner Brothers/Getty Images

금색
202~203쪽
mountainpix/Shutterstock.com

205쪽
Gustav Klimt, *Adele Bloch-Bauer 1*, 1907, Neue Galerie, New York; image The Yorck Project: *10,000 Meisterwerke der Malerei*, DIRECTMEDIA Publishing GmbH

206쪽
Unknown artist, France, The Creation of the World, c.1250~1260, J. Paul Getty Museum, Los Angeles; image courtesy of the J. Paul Getty Museum

207쪽
Unknown artist, Spain, Initial E: An Equestrian Duel Between a Creditor and a Debtor, c.1290~1310, scribe Michael Lupi de Çandiu (active Pamplona, 1297~1305, J. Paul Getty Museum, Los Angeles; image courtesy of the J. Paul Getty Museum

209쪽
Illustration by Walter Crane from *A Wonder Book for Girls and Boys* by Nathaniel Hawthorne, Houghton, Mifflin & Co., Boston (1892)

211쪽
Stefan Heunis/AFP/Getty Images

212쪽
evenfh/iStock

213쪽
John Roca/REX/Shutterstock

214쪽
Sunset Boulevard/Corbis via Getty Images